5 légumes par jour

MARABOUT

TESTÉ 3 FOIS

30 minutes chrono
5 légumes par jour

Plus de 150 recettes pour manger sainement

sommaire

MAD

À l'exception des légumes-racines qui nécessitent un temps de cuisson assez long, il est préférable de cuire les légumes rapidement car cela permet de conserver leur couleur, leur goût et leurs nutriments. L'une des manières les plus simples et rapides de les cuire est le micro-ondes : mettez-les dans un plat avec un peu d'eau, couvrez avec une assiette et faites cuire à puissance maximale. Goûtez-les et n'hésitez pas à prolonger la cuisson. Égouttez-les dès que vous les sortez du micro-ondes. Il ne faut pas les laisser tremper dans leur eau de cuisson, ils perdraient leur couleur.
Si vous ne les servez pas tout de suite, rincez-les sous l'eau froide pour arrêter la cuisson et repassez-les brièvement au micro-ondes au dernier moment. Si vous devez faire sauter ou rôtir des pommes de terre pour une ou deux personnes, faites-les cuire au micro-ondes auparavant. Coupez-les en morceaux et faites-les cuire à puissance maximale, dans un peu d'eau, à couvert. Égouttez-les et couvrez-les d'un torchon propre pour absorber le maximum d'eau. Grattez-les avec une fourchette et faites-les cuire dans une poêle huilée ou mettez-les au four : elles doreront rapidement et deviendront croustillantes à l'extérieur tandis que leur chair restera bien tendre.

apéritif

Beignets d'oignons et de courgettes

150 g de farine de pois chiches
2 gousses d'ail pilées
1 c. à c. de piment en poudre
¼ de c. à c. de curcuma en poudre
2 c. à c. de sel
80 ml d'eau environ
1 oignon blanc moyen (150 g) découpé en fines lamelles
8 ciboules (200 g) émincées
1 petite botte de coriandre fraîche (les feuilles uniquement)
2 courgettes moyennes (240 g) grossièrement râpées
huile végétale pour la friture

1 Mélangez la farine de pois chiches, l'ail, le piment, le curcuma et le sel dans un saladier. Incorporez l'eau au fur et à mesure jusqu'à obtention d'une pâte homogène.
2 Ajoutez l'oignon et les ciboules, la coriandre et les courgettes. Mélangez bien.
3 Faites chauffer l'huile dans une grande poêle et faites-y frire les beignets (1 cuillerée à soupe rase de pâte pour chaque beignet). Procédez en plusieurs tournées. Égouttez les beignets sur du papier absorbant.

à table en 35 minutes
pour 24 beignets **par beignet** 2,1 g de lipides (dont 0,3 g d'acides gras saturés) ; 43 cal ; 2,2 g de glucides ; 3,2 g de protéines ; 1,3 g de fibres

Pommes de terre rôties au sumac

Le sumac est une épice originaire du Moyen-Orient. De texture granuleuse, elle possède une saveur âcre et piquante.

1 kg de pommes de terre à chair ferme, nettoyées
2 c. à s. de sumac
2 c. à s. d'huile d'olive

1 Préchauffez le four à 240 °C ou à 220 °C pour un four à chaleur tournante. Huilez légèrement une plaque du four.
2 Coupez les pommes de terre en quartiers. Mélangez-les avec le sumac et l'huile d'olive dans un récipient allant au micro-ondes.
3 Faites cuire les pommes de terre au micro-ondes 5 minutes à puissance maximale.
4 Disposez ensuite les quartiers de pommes de terre en une seule couche sur la plaque préparée. Faites-les rôtir 20 minutes au four. Saupoudrez-les de sel si vous le souhaitez et servez aussitôt.

à table en 30 minutes
pour 4 personnes **par portion** 9,3 g de lipides (dont 1,3 g d'acides gras saturés) ; 227 cal ; 28,1 g de glucides ; 5,1 g de protéines ; 4,3 g de fibres

Mini frittatas aux courgettes

Vous pouvez préparer l'omelette deux heures avant et la faire cuire au dernier moment. Conservez-la au réfrigérateur. Prévoyez 4 moules à muffins de 12 alvéoles ou procédez en plusieurs fournées.

8 œufs
240 g de crème aigre
1 botte de ciboulette finement ciselée
1 courgette jaune (150 g) grossièrement râpée
1 courgette verte (150 g) grossièrement râpée
25 g de parmesan râpé
2 c. à s. de ciboulette fraîche supplémentaire

1 Préchauffez le four à 180 °C ou à 160 °C pour un four à chaleur tournante. Huilez 4 moules à muffins de 12 alvéoles.
2 Dans un grand saladier, battez les œufs avec les deux tiers de la crème aigre jusqu'à obtention d'une préparation homogène. Incorporez la ciboulette, les courgettes et le parmesan.
3 Répartissez le mélange dans les moules. Faites cuire au four 15 minutes sans couvrir. Laissez refroidir sur une grille.
4 Décorez les frittatas avec le reste de crème aigre et quelques brins de ciboulette. Servez à température ambiante.

à table en 35 minutes
pour 48 pièces **par frittata** 3 g de lipides (dont 1,7 g d'acides gras saturés) ; 34 cal ; 0,3 g de glucides ; 1,5 g de protéines ; 0,1 g de fibres

Salsa de tomates et de piment

La salsa de tomates et de piment peut être servie comme un dip, accompagnée de bâtonnets de légumes, de chips de maïs ou de pain, ou servie en accompagnement de viande, de poisson ou de légumes grillés.

2 c. à c. d'huile végétale
1 petit oignon rouge (100 g) finement haché
1 petit piment thaï rouge frais finement haché
1 gousse d'ail pilée
1 petit poivron vert (150 g) finement haché
400 g de tomates concassées en boîte
1 c. à s. de coriandre fraîche finement ciselée

1 Faites chauffer l'huile dans une poêle et faites-y revenir l'oignon, le piment, l'ail et le poivron, en remuant, jusqu'à ce que l'oignon soit tendre.
2 Ajoutez les tomates concassées avec leur jus et portez à ébullition. Laissez frémir 5 minutes environ, en remuant de temps en temps, jusqu'à épaississement.
3 Versez le mélange dans un saladier puis placez-le 20 minutes au réfrigérateur.
4 Ajoutez la coriandre au moment de servir et mélangez.

à table en 35 minutes
pour 1 bol **par cuillerée à soupe** 0,6 g de lipides (dont 0,1 g d'acides gras saturés) ; 12 cal ; 1,2 g de glucides ; 0,4 g de protéines ; 0,4 g de fibres

Triangles aux poireaux et à la feta

100 g de beurre
2 gousses d'ail pilées
2 poireaux moyens (700 g) émincés
1 c. à s. de graines de carvi
150 g de feta grossièrement émiettée
40 g de gruyère râpé
4 feuilles de pâte filo
2 c. à c. de graines de sésame

1 Faites fondre la moitié du beurre dans une poêle et faites revenir les poireaux et l'ail 5 minutes. Ajoutez les graines de carvi. Laissez cuire encore 2 minutes en remuant.
2 Dans un saladier, mélangez les poireaux, la feta et le gruyère.
3 Préchauffez le four à 200 °C ou à 180 °C pour un four à chaleur tournante. Graissez une plaque allant au four.
4 Faites fondre le reste du beurre dans une casserole. Badigeonnez-en légèrement une feuille de pâte filo puis pliez-la en deux dans le sens de la longueur. Disposez un quart des poireaux sur un petit côté de la feuille de pâte en réservant un bord de 1 cm. Rabattez la pâte sur la garniture de manière à former un triangle, glissez les morceaux de pâte qui dépassent à l'intérieur et pressez bien les bords pour fermer. Mettez le triangle ainsi obtenu sur la plaque préparée. Procédez de même avec le reste des ingrédients. Vous devez obtenir 4 triangles au total.
5 Badigeonnez les triangles de beurre et saupoudrez-les de graines de sésame. Faites cuire 10 minutes au four jusqu'à ce qu'ils soient légèrement dorés.

à table en 30 minutes
pour 4 personnes **par triangle** 34,2 g de lipides (dont 21,6 g d'acides gras saturés) ; 424 cal ; 14,5 g de glucides ; 13,6 g de protéines ; 3,9 g de fibres

Duo de frittatas

La frittata peut être préparée plusieurs heures à l'avance. Vous pouvez la servir froide ou à température ambiante.

2 c. à s. d'huile d'olive
1 oignon blanc moyen (150 g) finement haché
2 c. à s. de persil plat frais finement ciselé
2 c. à s. de parmesan finement râpé
10 œufs battus
20 g de beurre
2 gousses d'ail pilées
8 champignons de Paris
4 cœurs d'artichauts grillés, coupés en deux
50 g de poivrons grillés, coupés en fines lamelles

1 Faites chauffer l'huile d'olive dans une poêle et faites revenir l'oignon jusqu'à ce qu'il soit tendre. Ajoutez la moitié du persil.
2 Mélangez les œufs et le parmesan puis versez ce mélange dans la poêle. Faites cuire à feu doux sans remuer, à couvert, pendant 8 minutes environ jusqu'à ce que l'omelette soit prise sur les bords.
3 Recouvrez la poignée de la poêle avec de l'aluminium et mettez la poêle sous le gril chaud du four pour faire dorer l'omelette. Retournez-la sur un plat.
4 Pendant ce temps, faites chauffer le beurre dans une petite poêle et faites-y revenir l'ail et les champignons jusqu'à ce que les champignons soient tendres. Ajoutez le reste du persil.
5 Coupez la frittata en 16 parts et disposez-les sur un plat. Garnissez 8 parts avec les champignons et 8 parts avec des morceaux d'artichaut et de poivron.

à table en 35 minutes
pour 8 personnes **par portion** 9,9 g de lipides (dont 4,4 g d'acides gras saturés) ; 176 cal ; 1,9 g de glucides ; 9,9 g de protéines ; 0,7 g de fibres

Dip à la betterave

2 betteraves moyennes (320 g) pelées et finement râpées
80 g de crème aigre
1 c. à c. de vinaigre de vin rouge

1 Mélangez les betteraves, la crème aigre et le vinaigre dans un bol.
2 Servez cette préparation ensuite.

à table en 10 minutes
pour 1 bol **par cuillerée à soupe** 2,7 g de lipides (dont 1,7 g d'acides gras saturés) ; 36 cal ; 2,2 g de glucides ; 0,6 g de protéines ; 0,7 g de fibres

Beignets de fromage de chèvre et de pommes de terre

600 g de pommes de terre épluchées
60 ml de crème fraîche
¼ de c. à c. de noix de muscade râpée
3 œufs légèrement battus
2 jaunes d'œufs légèrement battus
75 g de farine
250 g de fromage de chèvre émietté
2 c. à s. de persil finement haché
1 pincée de piment de Cayenne
huile végétale pour la friture

1 Faites cuire les pommes de terre à l'eau, à la vapeur ou au micro-ondes. Égouttez-les.
2 Dans un grand saladier, écrasez les pommes de terre en purée avec la crème fraîche et la noix de muscade. Ajoutez les œufs et les jaunes d'œufs puis fouettez jusqu'à obtention d'une consistance homogène. Incorporez la farine, le fromage de chèvre, le persil et le piment de Cayenne.
3 Faites chauffer l'huile dans un wok. Prélevez des cuillerées à soupe de la préparation aux pommes de terre et faites-les frire. Quand les beignets sont bien dorés, égouttez-les sur du papier absorbant.

à table en 35 minutes
pour 32 beignets **par beignet** 5,1 g de lipides (dont 1,9 g d'acides gras saturés) ; 76 cal ; 4,6 g de glucides ; 2,6 g de protéines ; 0,4 g de fibres

Brochettes de tomates et bocconcinis marinés

80 ml d'huile d'olive
2 c. à s. de vinaigre balsamique
1 c. à s. de basilic frais finement ciselé
16 bocconcinis (150 g)
16 feuilles de roquette
8 tomates cerises coupées en deux

1 Mélangez l'huile d'olive, le vinaigre et le basilic dans un bol. Ajoutez les bocconcinis et mélangez pour bien les enrober de sauce. Couvrez, puis placez 20 minutes au réfrigérateur.
2 Égouttez les bocconcinis et jetez la marinade. Enroulez chaque bocconcini dans une feuille de roquette et piquez-la sur une pique à cocktail avec ½ tomate cerise.

à table en 35 minutes
pour 16 brochettes **par brochette** 6 g de lipides (dont 1,6 g d'acides gras saturés) ; 61 cal ; 0,2 g de glucides ; 1,7 g de protéines ; 0,2 g de fibres

Tempura de légumes à l'aïoli au wasabi

2 carottes moyennes (240 g)
1 poivron rouge moyen (200 g)
1 poivron vert moyen (200 g)
1 gros oignon (200 g)
800 g de courge butternut coupée en fines lamelles
400 g de broccolini
2 blancs d'œufs
150 g de farine
75 g de fécule de maïs
310 ml d'eau glacée
huile végétale pour la friture
125 ml de sauce de soja
aïoli au wasabi
2 jaunes d'œufs
1 c. à s. de jus de citron
1 c. à s. de wasabi
1 gousse d'ail coupée en quatre
125 ml d'huile végétale
1 c. à s. d'eau chaude

1 À l'aide d'un économe, détaillez les carottes en longs rubans. Coupez les poivrons en morceaux de 2 cm. Coupez l'oignon en quartiers.
2 Préparez l'aïoli au wasabi.
3 Montez les blancs d'œufs en neige ferme. Versez la farine et la fécule de maïs dans un saladier. Incorporez-y l'eau glacée puis les blancs d'œufs.
4 Faites chauffer l'huile dans un wok. Trempez les légumes, morceau par morceau, dans la pâte, puis faites-les frire. Égouttez-les sur du papier absorbant.
5 Servez la tempura avec la sauce de soja et l'aïoli au wasabi.
aïoli au wasabi mixez ensemble les jaunes d'œufs, le jus de citron, le wasabi et l'ail. Sans arrêter le moteur, ajoutez progressivement l'huile. Allongez l'aïoli avec l'eau chaude si vous le souhaitez.

à table en 30 minutes
pour 6 personnes **par portion** 34,4 g de lipides (dont 4,9 g d'acides gras saturés) ; 549 cal ; 43,4 g de glucides ; 13,2 g de protéines ; 7,2 g de fibres
conseil la pâte à tempura doit être préparée au dernier moment.

Rouleaux aux vermicelles de riz et aux légumes

60 g de vermicelles de riz
60 g de carottes grossièrement râpées
350 g de chou chinois finement émincé
1 c. à s. de nuoc-mâm
1 c. à s. de sucre roux
60 ml de jus de citron
12 feuilles de riz carrées de 17 cm de côté
12 grandes feuilles de menthe fraîche
sauce pimentée douce
60 ml de sauce aux piments doux
1 c. à s. de nuoc-mâm
1 c. à s. de jus de citron vert

1 Mettez les vermicelles dans un saladier et couvrez-les d'eau bouillante. Laissez-les tremper jusqu'à ce qu'ils soient tendres puis égouttez-les. Coupez-les en morceaux de longueur différente à l'aide des ciseaux de cuisine.
2 Mélangez les vermicelles, les carottes, le chou, le nuoc-mâm, le sucre et le jus de citron dans un saladier.
3 Pour faire un rouleau : trempez une feuille de riz dans une assiette remplie d'eau tiède pour qu'elle ramollisse. Sortez-la délicatement de l'eau et posez-la sur la table recouverte d'un torchon propre, en plaçant un angle vers vous. Garnissez la feuille de riz avec une feuille de menthe et un peu du mélange de légumes et de vermicelles, en formant une ligne au centre de la feuille. Rabattez les coins supérieur et inférieur sur la garniture puis repliez les côtés de la feuille pour recouvrir la garniture. Recommencez l'opération avec les onze autres feuilles et le reste de la garniture et de la menthe.
4 Préparez la sauce pimentée douce.
5 Servez les rouleaux accompagnés de la sauce.
sauce pimentée douce mélangez les ingrédients dans un petit bol.

à table en 25 minutes
pour 12 rouleaux **par rouleau** 0,4 g de lipides (dont 0,1 g d'acides gras saturés) ; 49 cal ; 9,2 g de glucides ; 1,4 g de protéines ; 1,3 g de fibres

Poivrons rôtis

2 poivrons jaunes moyens (400 g)
2 poivrons rouges moyens (400 g)
60 ml d'huile d'olive
1 gousse d'ail finement émincée
1 c. à s. de persil plat frais finement ciselé

1 Coupez les poivrons en quatre et ôtez les graines et les membranes. Placez les poivrons, la peau vers le haut, sous le gril du four (ou dans un four très chaud) et faites-les rôtir jusqu'à ce que la peau se craquelle et commence à noircir. Sortez les poivrons du four et couvrez-les de film alimentaire ou de papier sulfurisé pendant 5 minutes. Pelez-les et coupez-les en fines lamelles.
2 Mélangez les poivrons avec les autres ingrédients et piquez les lamelles sur des piques à cocktail.

à table en 20 minutes
pour 4 personnes **par portion** 13,9 g de lipides (dont 1,9 g d'acides gras saturés) ; 158 cal ; 5,3 g de glucides ; 2,6 g de protéines ; 1,9 g de fibres

Beignets de fenouil

1 c. à s. de plumeau de fenouil frais finement ciselé
1 bulbe de fenouil moyen (500 g) finement haché
3 ciboules finement émincées
1 petite carotte (70 g) finement râpée
2 œufs légèrement battus
75 g de ricotta
35 g de farine
2 c. à c. de levure chimique
huile végétale pour la friture

1 Mélangez le plumeau et le bulbe de fenouil, les ciboules, la carotte, les œufs, la ricotta, la farine et la levure dans un saladier.
2 Faites chauffer l'huile dans une grande poêle et faites-y frire des cuillerées à soupe de pâte jusqu'à ce qu'elles soient bien cuites et dorées. Aplatissez-les légèrement pendant la cuisson à l'aide d'une cuillère. Égouttez les beignets sur du papier absorbant.

à table en 35 minutes
pour 16 beignets **par beignet** 3,2 g de lipides (dont 0,8 g d'acides gras saturés) ; 48 cal ; 2,7 g de glucides ; 1,8 g de protéines ; 0,7 g de fibres

Rouleaux aux carottes et aux courgettes

2 carottes moyennes (240 g) grossièrement râpées
3 petites courgettes (270 g) grossièrement râpées
2 ciboules émincées
1 c. à s. de sauce de soja claire
1 c. à s. de sauce aux piments doux
½ c. à c. d'huile de sésame
1 cm de gingembre frais (5 g) râpé
8 feuilles de riz carrées de 22 cm de côté

1 Dans un saladier, mélangez les carottes, les courgettes, les ciboules, la sauce de soja, la sauce aux piments doux, l'huile de sésame et le gingembre.
2 Pour assembler les rouleaux, placez une feuille de riz quelques instants dans un saladier d'eau tiède pour l'assouplir. Sortez ensuite la feuille de riz de l'eau, placez-la sur un torchon propre et épongez-la avec du papier absorbant.
3 Divisez la préparation aux légumes en huit. Déposez-en une portion au milieu de la feuille de riz. Repliez la feuille pour enfermer la garniture. Répétez l'opération avec le reste des feuilles de riz et de la garniture.

à table en 20 minutes
pour 4 personnes **par portion** 1,2 g de lipides (dont 0,2 g d'acides gras saturés) ; 76 cal ; 11,8 g de glucides ; 2,7 g de protéines ; 3,4 g de fibres

entrées

Asperges vertes au jambon grillé et salade de tomates

240 g de jambon blanc en tranches très fines coupées en deux dans le sens de la longueur
400 g d'asperges vertes parées
125 g de roquette
250 g de tomates poires jaunes coupées en deux
2 c. à s. de petites feuilles de basilic
20 g de parmesan en copeaux
sauce
2 c. à s. de vinaigre balsamique
2 c. à s. d'huile d'olive

1 Enroulez chaque moitié de tranche de jambon autour de deux asperges et maintenez le tout en place avec des piques à cocktail. Vous devez obtenir 12 petits fagots. Faites-les revenir de toutes parts sur un gril en fonte préchauffé et légèrement huilé.
2 Préparez la sauce.
3 Répartissez la roquette, les tomates et le basilic sur les assiettes. Nappez de sauce et décorez de parmesan.
4 Retirez les piques à cocktail des asperges. Servez les asperges au jambon avec la salade de tomates et de roquette.
sauce versez les ingrédients dans un shaker pour sauce à salade, fermez et secouez.

à table en 20 minutes
pour 4 personnes **par portion** 13,3 g de lipides (dont 3,1 g d'acides gras saturés) ; 222 cal ; 9,1 g de glucides ; 16,4 g de protéines ; 2,6 g de fibres

Tarte aux épinards et à la ricotta

200 g de feuilles d'épinards
2 c. à s. d'huile d'olive
1 oignon moyen (150 g) grossièrement haché
1 gousse d'ail pilée
2 c. à c. de zeste de citron finement râpé
6 brins de persil plat frais grossièrement ciselé
2 c. à s. de menthe fraîche grossièrement ciselée
300 g de ricotta
2 rouleaux de pâte feuilletée prête à l'emploi

1 Préchauffez le four à 240 °C ou à 220 °C pour un four à chaleur tournante. Huilez deux plaques allant au four.
2 Faites cuire les épinards à l'eau, à la vapeur ou au micro-ondes jusqu'à ce qu'ils commencent à flétrir. Égouttez-les sur du papier absorbant puis pressez-les avec les mains pour enlever le maximum d'eau.
3 Faites chauffer l'huile d'olive dans une petite poêle et faites-y revenir l'oignon et l'ail, en remuant, jusqu'à ce que l'oignon soit tendre.
4 Mélangez les épinards, le mélange oignon-ail, le zeste de citron, le persil, la menthe et la ricotta.
5 Étalez une pâte feuilletée sur chaque plaque et garnissez-les chacune de la moitié des légumes en laissant une bordure de 3 cm. Repliez le bord de la pâte sur la garniture.
6 Faites cuire les tartes 20 minutes environ.

à table en 35 minutes
pour 4 personnes **par portion** 36,8 g de lipides (dont 8,1 g d'acides gras saturés) ; 526 cal ; 33,4 g de glucides ; 14,5 g de protéines ; 3,5 g de fibres
astuce pour un résultat optimal, utilisez des plaques à pizza (à trous) qui permettent une cuisson homogène de la pâte.

Tartines aux champignons, à la feta et à l'ail

500 g de champignons creminis
125 ml d'huile d'olive
12 tomates cerises coupées en deux
8 tranches de pain croustillant
1 gousse d'ail coupée en deux
1 c. à s. de basilic ciselé
120 g de petites feuilles de roquette
80 g de feta émiettée

1 Préchauffez le four à 220 °C ou à 200 °C pour un four à chaleur tournante.
2 Huilez les champignons avec la moitié de l'huile d'olive et placez-les sur une plaque de cuisson. Placez 3 demi-tomates sur chaque champignon, côté coupé vers le bas. Faites cuire 10 minutes.
3 Pendant ce temps, badigeonnez les tranches de pain avec 2 cuillerées à soupe d'huile et frottez-les avec l'ail puis faites-les cuire au four 5 minutes.
4 Mixez ou écrasez le basilic avec le reste de l'huile pour obtenir une sauce homogène.
5 Garnissez chaque tartine de quelques feuilles de roquette, d'un champignon aux tomates cerises, de quelques miettes de feta et de quelques gouttes de sauce au basilic. Vous pouvez ajouter quelques feuilles de basilic frais.

à table en 20 minutes
pour 4 personnes **par portion** 35,6 g de lipides (dont 7,4 g d'acides gras saturés) ; 531 cal ; 35,2 g de glucides ; 15 g de protéines ; 6,6 g de fibres

Tartelettes au potiron et à la feta

500 g de potiron coupé en cubes de 2 cm
3 œufs légèrement battus
200 g de feta coupée en cubes de 2 cm
2 c. à s. de parmesan finement râpé
2 c. à s. de crème aigre
80 g de poivrons grillés en bocal, égouttés et coupés en tranches fines
2 c. à s. d'olives noires dénoyautées et coupées en deux
4 ciboules émincées
1 rouleau de pâte feuilletée
1 c. à c. de basilic frais coupé en fines lanières

1 Préchauffez le four à 220 °C ou à 200 °C pour un four à chaleur tournante. Huilez 4 moules carrés de 11 cm de côté.
2 Faites cuire le potiron à l'eau, à la vapeur ou au micro-ondes jusqu'à ce qu'il soit juste tendre puis égouttez-le.
3 Pendant ce temps, mélangez les œufs, la feta, le parmesan, la crème aigre, les poivrons, les olives et les ciboules dans un grand saladier. Ajoutez le potiron et remuez délicatement pour bien mélanger.
4 Découpez 4 carrés de pâte feuilletée et mettez-les dans les moules. Disposez la garniture au centre de chaque carré de pâte, puis relevez légèrement les bords.
5 Faites cuire au four 15 minutes. Saupoudrez de basilic frais et servez aussitôt.

à table en 30 minutes
pour 4 personnes **par tartelette** 32,1 g de lipides (dont 13,3 g d'acides gras saturés) ; 471 cal ; 24,9 g de glucides ; 20,4 g de protéines ; 2,1 g de fibres

Asperges et sauce à la tomate

600 g d'asperges parées
2 tomates moyennes (400 g) bien mûres, pelées, épépinées et coupées en morceaux
40 g de pignons grillés concassés
½ botte de basilic à petites feuilles (les feuilles uniquement)
sauce
80 ml d'huile d'olive
1 c. à s. de jus de citron
2 c. à c. de moutarde de Dijon

1 Faites cuire les asperges à l'eau, à la vapeur ou au micro-ondes jusqu'à ce qu'elles soient juste tendres puis égouttez-les.
2 Préparez la sauce.
3 Mélangez la sauce et les tomates dans un bol. Nappez les asperges de cette sauce et parsemez-les de pignons et de feuilles de basilic.
sauce versez tous les ingrédients dans un shaker pour sauce à salade, fermez puis secouez énergiquement.

à table en 15 minutes
pour 6 personnes **par portion** 16,9 g de lipides (dont 2 g d'acides gras saturés) ; 174 cal ; 1,9 g de glucides ; 2,9 g de protéines ; 1,8 g de fibres

Champignons au beurre à l'ail

60 ml d'huile d'olive
1 gros oignon (200 g) finement émincé
2 gousses d'ail pilées
400 g de champignons portobello coupés en quatre
400 g de champignons creminis
400 g de champignons de Paris
2 c. à c. de sel d'ail
50 g de beurre en morceaux
8 tranches de pain croustillant

1 Préchauffez le four à 220 °C ou à 200 °C pour un four à chaleur tournante.
2 Faites chauffer 2 cuillerées à soupe d'huile d'olive dans un wok et faites-y revenir l'oignon, l'ail et les champignons jusqu'à ce qu'ils soient tendres.
3 Incorporez le sel d'ail et le beurre et faites chauffer jusqu'à ce que le beurre soit fondu.
4 Badigeonnez les tranches de pain avec le reste de l'huile. Placez-les, en une seule couche, sur une grille et faites-les dorer 5 minutes au four.
5 Servez les tranches de pain garnies de champignons. Vous pouvez ajouter quelques petites feuilles de basilic frais.

à table en 35 minutes
pour 4 personnes **par portion** 26,7 g de lipides (dont 9 g d'acides gras saturés) ; 484 cal ; 38,8 g de glucides ; 17,5 g de protéines ; 10,4 g de fibres

Bruschetta aux tomates cerises

1 pain turc long
50 g de pousses de roquette
250 g de tomates cerises coupées en tranches
100 g de bocconcinis coupés en tranches
2 c. à s. de basilic finement ciselé
2 c. à s. d'huile d'olive

1 Coupez le pain en deux ; réservez une moitié pour une autre utilisation. Coupez l'autre moitié en 4 morceaux égaux puis chaque morceau en deux et grillez le pain sur les deux faces.
2 Garnissez chaque morceau de pain avec de la roquette, des tomates cerises, des bocconcinis et du basilic. Arrosez d'huile d'olive.

à table en 15 minutes
pour 4 personnes **par portion** 16,6 g de lipides (dont 4,3 g d'acides gras saturés) ; 417 cal ; 49,7 g de glucides ; 14,5 g de protéines ; 4 g de fibres

Galettes de maïs et de courgettes à la salsa

50 g de beurre fondu
125 g de lait
110 g de farine
2 œufs légèrement battus
210 g de maïs en boîte
2 courgettes moyennes (240 g) grossièrement râpées
huile végétale pour la friture
salsa
3 tomates roma moyennes (225 g) grossièrement hachées
2 avocats moyens (500 g) coupés en gros morceaux
1 petit oignon rouge (100 g) grossièrement haché
2 c. à s. de jus de citron
2 c. à s. de coriandre fraîche hachée

1 Dans un saladier, battez ensemble le beurre, le lait, la farine et les œufs. Ajoutez le maïs et les courgettes puis mélangez bien.
2 Faites chauffer l'huile dans une grande poêle à frire. Prélevez des cuillerées à soupe de pâte et faites-les frire 2 minutes de chaque côté. Égouttez les galettes sur du papier absorbant. Réservez-les au chaud jusqu'au moment de servir.
3 Préparez la salsa.
4 Servez les galettes avec la salsa.
salsa mélangez tous les ingrédients dans un saladier.

à table en 20 minutes
pour 4 personnes **par portion** 57,4 g de lipides (dont 15,6 g d'acides gras saturés) ; 707 cal ; 34,1 g de glucides ; 11,9 g de protéines ; 6,2 g de fibres

Bouchées à la tomate et à la tapenade

2 rouleaux de pâte feuilletée
60 g d'olives noires dénoyautées
2 c. à c. de câpres, rincées et égouttées
2 c. à c. de feuilles de thym frais
2 c. à c. de persil plat grossièrement haché
2 c. à c. d'huile d'olive
2 tomates moyennes (380 g) coupées en tranches fines
30 g de feta émiettée
1 c. à s. d'origan frais

1 Préchauffez le four à 200 °C ou à 180 °C pour un four à chaleur tournante. Tapissez une plaque de cuisson de papier sulfurisé.
2 Découpez 6 disques de 8,5 cm de diamètre dans chaque rouleau de pâte. Disposez-les sur la plaque préparée. À l'aide d'une fourchette, piquez-les en cinq endroits, couvrez-les de papier sulfurisé et posez une autre plaque dessus. Faites cuire au four 10 minutes jusqu'à ce que la pâte soit dorée.
3 Pendant ce temps, mixez les olives, les câpres, le thym, le persil et l'huile d'olive.
4 Disposez les tranches de tomate sur les disques de pâte, puis ajoutez 1 cuillerée à café bien tassée de tapenade. Saupoudrez de feta et d'origan.

à table en 20 minutes
pour 4 personnes **par portion** 23,2 g de lipides (dont 2,9 g d'acides gras saturés) ; 383 cal ; 35,3 g de glucides ; 7,1 g de protéines ; 2,5 g de fibres

Salade de poires, noix et feta

3 poires moyennes (700 g)
2 c. à s. de noix grillées grossièrement hachées
1 laitue parée, feuilles déchiquetées
25 g de pousses de soja
100 g de feta émiettée
assaisonnement
1 c. à s. d'huile de noix
2 c. à c. de moutarde à l'ancienne
2 c. à s. de vinaigre de vin blanc
1 gousse d'ail pilée
1 c. à s. de ciboulette hachée

1 Pelez et évidez les poires puis coupez-les en tranches épaisses.
2 Préparez l'assaisonnement.
3 Mélangez délicatement les poires, la laitue, les pousses de soja et la feta dans un saladier. Assaisonnez et servez.
assaisonnement mélangez tous les ingrédients dans un shaker pour sauce à salade, fermez puis secouez.

à table en 15 minutes
pour 4 personnes **par portion** 13,9 g de lipides (dont 4,4 g d'acides gras saturés) ; 246 cal ; 21,9 g de glucides ; 6,7 g de protéines ; 5,2 g de fibres

Beignets de maïs et salade avocat roquette

150 g de farine à levure incorporée
½ c. à c. de bicarbonate de soude
250 ml de lait
2 œufs
330 g de grains de maïs frais (égrainés de 2 épis)
4 ciboules finement hachées
1 petit piment thaï rouge frais finement haché
sauce aux tomates et au piment
425 g de tomates concassées en boîte
1 c. à s. de sucre roux
80 ml de sauce aux piments doux
2 c. à s. de vinaigre de malt
salade d'avocat et de roquette
100 g de jeunes pousses de roquette
1 avocat moyen (250 g) coupé en fines lamelles
1 oignon rouge moyen (170 g) finement émincé
60 ml de vinaigre balsamique
1 c. à s. d'huile d'olive

1 Préparez la sauce aux tomates et au piment.
2 Tamisez la farine et le bicarbonate de soude dans un saladier. Creusez un puits au centre. Battez les œufs et le lait puis incorporez ce mélange à la farine jusqu'à obtention d'une pâte homogène. Ajoutez le maïs, les ciboules et le piment puis mélangez.
3 Versez 60 ml de pâte dans une poêle chaude et huilée, formez un disque à l'aide d'une spatule et faites cuire 2 minutes de chaque côté. Recommencez l'opération avec le reste de pâte.
4 Préparez la salade d'avocat et de roquette.
5 Servez les beignets de maïs accompagnés de sauce et de salade.
sauce aux tomates et au piment mettez les ingrédients dans une poêle et portez à ébullition. Baissez le feu et laissez frémir, à découvert, 10 minutes environ jusqu'à épaississement.
salade d'avocat et de roquette mélangez les légumes dans un saladier. Nappez-les de mélange du vinaigre et d'huile d'olive.

à table en 30 minutes
pour 4 personnes **par portion** 21,9 g de lipides (dont 5,5 g d'acides gras saturés) ; 511 cal ; 57 g de glucides ; 15,9 g de protéines ; 9,1 g de fibres

Bruschetta aux légumes et à l'halloumi

1 petite baguette
1 c. à s. d'huile d'olive
1 petite aubergine (230 g) coupée en tranches fines
200 g d'halloumi coupé en tranches fines
2 c. à s. de farine
2 tomates roma moyennes (150 g) coupées en tranches fines
2 c. à s. de petites feuilles de basilic frais
1 c. à s. de câpres, rincées et égouttées

1 Préchauffez le four à 220 °C ou à 200 °C pour un four à chaleur tournante.
2 Coupez la baguette en biais en 8 tranches puis badigeonnez celles-ci d'huile d'olive sur les deux faces. Disposez-les sur une plaque du four et faites-les dorer 5 minutes au four.
3 Pendant ce temps, faites cuire les tranches d'aubergine sur un gril en fonte préchauffé et huilé.
4 Enrobez l'halloumi de farine et faites-le cuire sur un gril préchauffé et huilé jusqu'à ce qu'il soit légèrement doré.
5 Garnissez les tranches de pain grillées de tranches d'aubergine, d'halloumi et de tomates. Décorez de feuilles de basilic et de câpres. Arrosez d'huile d'olive et servez aussitôt.

à table en 25 minutes
pour 4 personnes **par portion** 14,6 g de lipides (dont 6,3 g d'acides gras saturés) ; 293 cal ; 24 g de glucides ; 15,1 g de protéines ; 3,2 g de fibres

Galettes de pommes de terre à la ciboulette et à la crème aigre

Il est important de retirer le plus de liquide possible des pommes de terre râpées pour que les galettes puissent garder leur forme à la cuisson.

900 g de pommes de terre épluchées
1 oignon moyen (150 g) finement haché
1 botte de ciboulette ciselée
2 œufs, blancs et jaunes séparés
2 c. à s. de farine
120 g de crème aigre
160 ml d'huile végétale
80 g de beurre

1 Râpez les pommes de terre grossièrement. Retirez le maximum de liquide en les pressant entre les mains. Dans un saladier, mélangez les pommes de terre, l'oignon, la ciboulette, les jaunes d'œufs, la farine et la crème aigre.
2 À l'aide d'un batteur électrique, montez les blancs d'œufs en neige ferme. Incorporez-les délicatement à la préparation aux pommes de terre.
3 Faites chauffer 2 cuillerées à soupe d'huile avec 20 g de beurre dans une grande poêle à frire. Prélevez des cuillerées à soupe de la pâte aux pommes de terre et faites-les frire 3 minutes de chaque côté. Égouttez les galettes sur du papier absorbant puis réservez-les au chaud. Répétez l'opération jusqu'à épuisement de la pâte.

à table en 35 minutes
pour 20 galettes **par galette** 13,6 g de lipides (dont 4,8 g d'acides gras saturés) ; 158 cal ; 6,8 g de glucides ; 2 g de protéines ; 0,8 g de fibres

Tomates et fromage de chèvre à la sauce aux noix

8 tomates sur grappe moyenne (1,5 kg) coupées en tranches
150 g de fromage de chèvre coupé en tranches
25 g de noix grillées et grossièrement concassées
60 ml d'huile d'olive
1 gousse d'ail pilée
1 ½ c. à s. de vinaigre de framboise
2 c. à c. de moutarde de Dijon
2 c. à c. de feuilles de thym frais
2 c. à c. de sucre blanc

1 Mettez une tranche de tomate sur chaque assiette de service. Disposez dessus une tranche de fromage de chèvre.
2 Répétez l'opération. Décorez avec des noix et arrosez de sauce composée d'huile d'olive, d'ail, de vinaigre de framboise, de moutarde, de feuilles de thym et de sucre.

à table en 15 minutes
pour 6 personnes **par portion** 16,2 g de lipides (dont 4,1 g d'acides gras saturés) ; 205 cal ; 6,6 g de glucides ; 6,5 g de protéines ; 3,4 g de fibres
note vous pouvez remplacer les noix par des noisettes et l'huile d'olive par de l'huile de noix ou de noisette.

Salade de poires et de fenouil, sauce à la moutarde au miel

100 g de petites feuilles d'épinards
1 salade feuille de chêne rouge
2 petits bulbes de fenouil (320 g) coupés en deux puis en fines lamelles
2 poires williams rouges moyennes (375 g) coupées en fines lamelles
60 g de copeaux de parmesan
sauce à la moutarde au miel
80 ml d'huile d'olive
1 c. à s. de vinaigre de xérès
1 c. à c. de moutarde de Dijon au miel

1 Préparez la sauce à la moutarde au miel.
2 Mélangez les épinards, la salade, les fenouils, les poires et le parmesan dans un saladier. Ajoutez la sauce et mélangez.
sauce à la moutarde au miel mettez les ingrédients dans un shaker pour sauce à salade, fermez puis secouez énergiquement.

à table en 15 minutes
pour 4 personnes **par portion** 23,7 g de lipides (dont 5,7 g d'acides gras saturés) ; 314 cal ; 14,4 g de glucides ; 8,7 g de protéines ; 6,7 g de fibres

Salade d'asperges et de pamplemousse rose

Pour cette recette, il est essentiel de choisir des petites asperges bien fraîches car elles sont servies crues.

200 g de fines asperges parées
1 petite laitue romaine
1 avocat moyen (250 g) coupé en fines lamelles
2 pamplemousses roses (800 g) pelés à vif, divisés en quartiers
sauce à l'estragon et au miel
2 c. à s. d'huile d'olive
2 c. à s. de vinaigre à l'estragon
2 c. à c. de miel
2 gousses d'ail pilées

1 Coupez les asperges en deux puis coupez les pointes en deux et les bases en quatre dans le sens de la longueur.
2 Préparez la sauce à l'estragon et au miel.
3 Disposez la laitue, l'avocat, les pamplemousses et les asperges sur les assiettes puis nappez de sauce juste avant de servir.
sauce à l'estragon et au miel mettez les ingrédients dans un shaker pour sauce à salade, fermez puis secouez énergiquement.

à table en 20 minutes
pour 4 personnes **par portion** 19,5 g de lipides (dont 3,4 g d'acides gras saturés) ; 240 cal ; 10,8 g de glucides ; 3,6 g de protéines ; 3,1 g de fibres

Tartelettes aux légumes et au pesto

2 pâtes feuilletées rectangulaires prêtes à l'emploi
125 ml de pesto aux tomates séchées au soleil
280 g de légumes à antipasti grillés, en bocal
6 tomates roma moyennes (450 g) coupées en rondelles dans le sens de la longueur
150 g de feta émiettée

1 Préchauffez le four à 240 °C ou à 220 °C pour un four à chaleur tournante. Huilez deux plaques allant au four.
2 Coupez les pâtes feuilletées en deux et placez-les sur les plaques. Repliez les bords pour former une croûte de 1 cm de large. Étalez le pesto sur chaque rectangle de pâte.
3 Égouttez les légumes à antipasti et tamponnez-les avec du papier absorbant. Coupez-les en fines lamelles. Disposez les légumes et les tomates sur les pâtes puis parsemez de feta.
4 Faites cuire 10 minutes, inversez les plaques et poursuivez la cuisson 10 minutes jusqu'à ce que la pâte soit gonflée et dorée.
5 Vous pouvez servir les tartelettes garnies de quelques feuilles de basilic frais.

à table en 35 minutes
pour 4 personnes **par portion** 44,9 g de lipides (dont 10,2 g d'acides gras saturés) ; 615 cal ; 35,6 g de glucides ; 16,3 g de protéines ; 3,2 g de fibres

Œufs pochés, pancetta et asperges

4 tranches de pancetta
400 g d'asperges parées
4 œufs
30 g de beurre fondu
20 g de copeaux de parmesan

1 Faites cuire la pancetta sous le gril du four jusqu'à ce qu'elle soit croustillante.
2 Faites cuire les asperges à l'eau, à la vapeur ou au micro-ondes jusqu'à ce qu'elles soient tendres puis égouttez-les.
3 Mettez de l'eau dans une poêle jusqu'à mi-hauteur et portez à ébullition. Cassez les œufs dans une tasse puis faites-les glisser dans la poêle, un à la fois. Quand les quatre œufs sont dans la poêle, portez de nouveau à ébullition puis couvrez la poêle et coupez le feu. Laissez reposer 4 minutes jusqu'à ce que les jaunes soient recouverts de blanc. Sortez les œufs de l'eau à l'aide d'une écumoire puis placez-les dans une assiette recouverte de papier absorbant.
4 Répartissez les asperges dans les assiettes et garnissez-les d'un œuf poché et de pancetta. Nappez de beurre fondu et de copeaux de parmesan. Vous pouvez ajouter un peu de poivre fraîchement moulu.

à table en 20 minutes
pour 4 personnes **par portion** 15,1 g de lipides (dont 7,5 g d'acides gras saturés) ; 194 cal ; 1,2 g de glucides ; 13,2 g de protéines ; 1 g de fibres

soupes

Soupe au chou-fleur et tartines au fromage et au bacon

1 c. à s. d'huile d'olive
1 oignon moyen (150 g) grossièrement haché
2 gousses d'ail pilées
1 grosse pomme de terre (300 g) coupée en petits dés
1 kg de chou-fleur paré, détaillé en bouquets
750 ml de bouillon de poule
750 ml d'eau
2 c. à s. de ciboulette fraîche grossièrement ciselée
tartines au fromage et au bacon
3 fines tranches de bacon coupées en quatre
1 pain croustillant
1 c. à s. de moutarde à l'ancienne
120 g de fines tranches de gruyère

1 Faites chauffer l'huile d'olive dans une grande casserole. Faites-y revenir l'oignon et l'ail, en remuant, jusqu'à ce qu'ils soient tendres mais pas colorés.
2 Ajoutez la pomme de terre, le chou-fleur, le bouillon de poule et l'eau puis portez à ébullition. Laissez frémir à couvert jusqu'à ce que les légumes soient bien tendres.
3 Mixez des petites quantités de la préparation jusqu'à ce qu'elle soit homogène, remettez-la dans la même casserole nettoyée puis réchauffez-la.
4 Préparez les tartines au fromage et au bacon.
5 Servez la soupe garnie de ciboulette fraîche et accompagnée des tartines.
tartines au fromage et au bacon mettez les tranches de bacon sur une plaque recouverte de papier d'aluminium et passez-les sous le gril du four. Coupez le pain en biais en 12 tranches fines et faites-les griller légèrement. Badigeonnez les tartines de moutarde, garnissez-les de gruyère puis passez-les sous le gril pour que le fromage fonde. Ajoutez ensuite les tranches de bacon.

à table en 35 minutes
pour 6 personnes **par portion** 13,6 g de lipides (dont 5,6 g d'acides gras saturés) ; 362 cal ; 37,2 g de glucides ; 19,6 g de protéines ; 5,8 g de fibres
astuce pour obtenir une soupe fluide, utilisez un blender, un mixeur plongeant ou un moulin à légumes.

Soupe au potiron

40 g de beurre
1 gros oignon (200 g) grossièrement haché
3 tranches de bacon (210 g) grossièrement hachées
1,5 kg de potiron coupé en gros morceaux
2 grosses pommes de terre (600 g) grossièrement hachées
1,5 litre de bouillon de poule

1 Faites fondre le beurre dans une grande cocotte puis faites revenir l'oignon et le bacon jusqu'à ce que l'oignon soit fondant.
2 Ajoutez le potiron et les pommes de terre.
3 Versez le bouillon de poule et portez à ébullition. Faites cuire à petits bouillons 20 minutes sans couvrir.
4 Mixez la soupe dans un robot ou un blender puis reversez-la dans la cocotte. Réchauffez-la légèrement si nécessaire.

à table en 35 minutes
pour 6 personnes **par portion** 8,4 g de lipides (dont 5,1 g d'acides gras saturés) ; 255 cal ; 28,7 g de glucides ; 13,7 g de protéines ; 4,3 g de fibres
astuce pour avoir une soupe fluide, utilisez un blender, un mixeur plongeant ou un moulin à légumes.

Soupe aux légumes d'hiver et au couscous

Le couscous rend cette soupe plus consistante.

1 c. à s. d'huile d'olive
2 oignons moyens (300 g) grossièrement hachés
3 branches de céleri (300 g) grossièrement hachées
1 gousse d'ail pilée
1 c. à c. de paprika doux
3 pommes de terre moyennes (600 g) coupées en gros morceaux
2 gros panais (700 g) coupés en gros morceaux
2 grosses carottes (360 g) grossièrement hachées
375 ml de bouillon de poule
1,25 litre d'eau
100 g de couscous
2 c. à s. de persil grossièrement haché

1 Faites chauffer l'huile d'olive dans une cocotte. Faites revenir les oignons, le céleri, l'ail et le paprika en remuant.
2 Ajoutez les pommes de terre, les panais, les carottes, le bouillon de poule et l'eau. Portez à ébullition. Réduisez le feu, couvrez et laissez mijoter 15 minutes jusqu'à ce que les légumes soient tendres.
3 Ajoutez le couscous et le persil. Laissez sur le feu 2 minutes sans couvrir.

à table en 30 minutes
pour 4 personnes **par portion** 5,8 g de lipides (dont 0,9 g d'acides gras saturés) ; 379 cal ; 63 g de glucides ; 12,5 g de protéines ; 10,9 g de fibres
note si vous préparez cette soupe à l'avance, ajoutez le couscous juste avant de servir.

Soupe parfumée réconfortante

Les champignons de paille sont cultivés en Chine. Ils sont disponibles en boîte, conservés en saumure. Vous pouvez les remplacer par des petits champignons de Paris.

2 cm de galanga frais (10 g) grossièrement haché
10 cm de citronnelle (20 g) grossièrement hachée
2 ciboules émincées
3 feuilles de citronnier kaffir fraîches
1 gousse d'ail coupée en quatre
2 c. à c. d'huile d'arachide
375 ml de bouillon de légumes
1,125 litre d'eau
2 cm de gingembre frais (10 g) finement émincé
2 petits piments rouges thaïs finement émincés
425 g de champignons de paille, rincés et égouttés
2 c. à c. de sucre blanc
80 ml de jus de citron vert
2 c. à c. de sauce de soja
2 c. à s. de coriandre fraîche ciselée

1 Mixez finement le galanga, la citronnelle, les ciboules, les feuilles de kaffir et l'ail.
2 Faites chauffer l'huile dans une casserole. Faites-y revenir la préparation précédente en remuant jusqu'à ce que les arômes se libèrent.
3 Ajoutez le bouillon de légumes et l'eau puis portez à ébullition. Réduisez le feu et laissez cuire 10 minutes à couvert. Filtrez le liquide dans un grand saladier et jetez les résidus solides. Reversez le bouillon filtré dans la casserole.
4 Remettez la casserole sur le feu. Ajoutez le gingembre, les piments, les champignons, le sucre, le jus de citron vert et la sauce de soja. Faites chauffer sans couvrir. Juste avant de servir, incorporez la coriandre.

à table en 25 minutes
pour 4 personnes **par portion** 3 g de lipides (dont 0,6 g d'acides gras saturés) ; 68 cal ; 4,7 g de glucides ; 4 g de protéines ; 2,2 g de fibres

Soupe aux patates douces, aux piments et à la coriandre

100 g de coriandre fraîche avec les racines
1 c. à s. d'huile végétale
1 gros oignon (200 g) grossièrement haché
2 gousses d'ail pilées
1 ½ c. à c. de sambal oelek
3 patates douces (1,2 kg) grossièrement hachées
1 litre d'eau
500 ml de bouillon de poule
160 ml de lait de coco

1 Lavez la coriandre sous l'eau froide, retirez toutes les saletés des racines puis séchez-la. Hachez finement les racines de la coriandre pour obtenir 2 cuillerées à café (s'il vous en reste, vous pouvez les congeler et les utiliser ultérieurement). Ciselez les branches de la coriandre.
2 Faites chauffer l'huile dans une cocotte. Faites revenir les racines de coriandre, l'oignon, l'ail et le sambal oelek en remuant.
3 Ajoutez les patates douces et faites revenir 5 minutes en remuant. Ajoutez l'eau et le bouillon de poule puis portez à ébullition. Réduisez le feu et laissez cuire 15 minutes à couvert jusqu'à ce que les patates douces soient tendres.
4 Mixez la soupe dans un robot ou un blender puis reversez-la dans la cocotte. Incorporez le lait de coco. Répartissez la soupe dans des bols et décorez-la de coriandre fraîche.

à table en 30 minutes
pour 4 personnes **par portion** 13,8 g de lipides (dont 8,1 g d'acides gras saturés) ; 332 cal ; 41,7 g de glucides ; 7,9 g de protéines ; 6,4 g de fibres
astuce pour obtenir une soupe fluide, utilisez un blender, un mixeur plongeant ou un moulin à légumes.

Soupe épaisse de maïs au bacon

40 g de beurre
1 oignon moyen (150 g) finement haché
1 gousse d'ail pilée
2 tranches de bacon (140 g) coupées en morceaux
35 g de farine
2 pommes de terre moyennes (400 g) coupées en morceaux
500 ml de bouillon de poule
1 litre de lait
320 g de maïs surgelé
125 ml de crème liquide
2 c. à s. de ciboulette finement ciselée

1 Faites fondre le beurre dans une grande casserole, puis faites revenir l'oignon, l'ail et le bacon en remuant jusqu'à ce que l'oignon soit tendre.
2 Ajoutez la farine et poursuivez la cuisson, en remuant, pendant 1 minute. Ajoutez ensuite les pommes de terre, le bouillon de poule et la moitié du lait. Laissez frémir à couvert 15 minutes jusqu'à ce que les pommes de terre soient bien cuites.
3 Ajoutez le maïs, le reste du lait et la crème liquide et faites cuire jusqu'à ce que le tout soit chaud, en remuant. Ajoutez la ciboulette et servez aussitôt.

à table en 35 minutes
pour 4 personnes **par portion** 34,2 g de lipides (dont 21,5 g d'acides gras saturés) ; 592 cal ; 47,5 g de glucides ; 21,6 g de protéines ; 6 g de fibres

Soupe aux lentilles et aux oignons caramélisés

400 g de lentilles corail
100 g de riz brun
1 litre de bouillon de légumes
1 litre d'eau
1 c. à s. de cumin en poudre
40 g de beurre
3 oignons moyens (450 g) finement émincés
2 c. à s. de sucre blanc
1 c. à s. de vinaigre balsamique
1 pincée de piment de Cayenne
1 botte de coriandre finement ciselée
1 botte de persil finement ciselé
250 ml de bouillon de légumes supplémentaire

1 Rincez les lentilles et le riz sous l'eau froide puis égouttez-les.
2 Versez le bouillon de légumes et l'eau dans une casserole puis portez à ébullition. Ajoutez les lentilles, le riz et le cumin puis portez de nouveau à ébullition. Réduisez le feu. Laissez frémir 15 minutes sans couvrir, en remuant de temps en temps, jusqu'à ce que les lentilles et le riz soient cuits.
3 Faites fondre le beurre dans une poêle à frire. Faites revenir les oignons en remuant jusqu'à ce qu'ils soient tendres. Ajoutez le sucre et le vinaigre balsamique puis faites caraméliser les oignons en remuant.
4 Ajoutez le piment de Cayenne, la coriandre, le persil, les oignons caramélisés et le bouillon supplémentaire à la soupe aux lentilles. Réchauffez le tout en remuant.

à table en 35 minutes
pour 4 personnes **par portion** 12,2 g de lipides (dont 6,5 g d'acides gras saturés) ; 554 cal ; 74,2 g de glucides ; 31,5 g de protéines ; 16,3 g de fibres

Minestrone

2 c. à c. d'huile d'olive
1 petit oignon (80 g) grossièrement haché
2 gousses d'ail pilées
2 bâtons de céleri (200 g) parés et grossièrement hachés
1 petite carotte (70 g) grossièrement hachée
1 petite courgette (90 g) grossièrement hachée
810 g de tomates concassées en boîte
1 pomme de terre moyenne (200 g) grossièrement hachée
625 ml de bouillon de poule
375 ml d'eau
180 g de macaronis
100 g de haricots rouges en boîte, rincés et égouttés
80 g de chou chinois émincé
40 g de feuilles d'épinards émincées
1 botte de basilic ciselé
40 g de parmesan grossièrement râpé

1 Faites chauffer l'huile d'olive dans une cocotte. Faites revenir l'oignon et l'ail, en remuant de temps en temps.
2 Ajoutez le céleri, la carotte et la courgette et faites revenir 5 minutes en remuant. Ajoutez les tomates avec leur jus, la pomme de terre, le bouillon de poule et l'eau. Portez à ébullition. Ajoutez les macaronis et faites cuire 15 minutes sans couvrir.
3 Ajoutez ensuite les haricots rouges à la soupe et réchauffez quelques minutes. Juste avant de servir, incorporez le chou chinois, les épinards et le basilic. Servez avec du parmesan.

à table en 30 minutes
pour 4 personnes **par portion** 7,5 g de lipides (dont 2,8 g d'acides gras saturés) ; 361 cal ; 51,4 g de glucides ; 16,5 g de protéines ; 9 g de fibres

Velouté de courgettes

30 g de beurre
1 gros oignon (200 g) finement haché
2 gousses d'ail pilées
8 grosses courgettes (1,2 kg) coupées en morceaux
2 c. à s. de farine
375 ml de bouillon de poule
250 ml d'eau
125 ml de crème liquide

1 Faites fondre le beurre dans une grande casserole, faites-y revenir l'oignon et l'ail, en remuant, jusqu'à ce que l'oignon soit tendre. Ajoutez les courgettes et la farine, mélangez et laissez cuire 2 minutes.
2 Ajoutez le bouillon de poule et l'eau, portez à ébullition et laissez frémir 15 minutes, sans couvrir.
3 Mixez ou passez au robot la préparation, par petites quantités, jusqu'à obtention d'un mélange homogène, puis remettez-la dans la même casserole, nettoyée. Ajoutez la crème liquide et réchauffez à feu moyen.
4 Vous pouvez servir ce velouté garni de quelques feuilles de persil frais.

à table en 35 minutes
pour 4 personnes **par portion** 21,2 g de lipides (dont 13,2 g d'acides gras saturés) ; 278 cal ; 13,3 g de glucides ; 6,7 g de protéines ; 5,9 g de fibres
astuce pour obtenir une soupe fluide, utilisez un blender, un mixeur plongeant ou un moulin à légumes.

Soupe de légumes aux lentilles rouges

2 c. à s. de pâte de curry
400 g de tomates concassées en boîte
750 ml de bouillon de poule
1 grosse carotte (180g) coupée en petits cubes
2 branches de céleri parées (200 g) émincées
1 pomme de terre moyenne (200g) coupée en petits cubes
1 grosse courgette (150g) coupée en petits cubes
150 g de lentilles rouges
60 g de petits pois surgelés
80 ml de lait de coco allégé
2 c. à s. de feuilles de coriandre fraîche grossièrement ciselées

1 Dans une grande casserole, faites revenir la pâte de curry 1 minute en remuant sans cesse, jusqu'à ce qu'elle embaume. Ajoutez les tomates avec leur jus, le bouillon de poule, la carotte, le céleri, la pomme de terre et la courgette, puis portez à ébullition. Réduisez le feu et laissez frémir 5 minutes, à couvert.
2 Ajoutez les lentilles et portez à nouveau à ébullition. Baissez le feu et laissez frémir 10 minutes sans couvrir (les lentilles doivent être à peine cuites). Ajoutez les petits pois, portez à ébullition, baissez le feu et laissez frémir 3 minutes sans couvrir.
3 Retirez la soupe du feu. Ajoutez le lait de coco et la coriandre fraîche.

à table en 30 minutes
pour 6 personnes **par portion** 5,3 g de lipides (dont 2 g d'acides gras saturés) ; 187 cal ; 20,9 g de glucides ; 10,6 g de protéines ; 7,7 g de fibres
note vous pouvez utiliser une pâte de curry forte ou ajouter un peu de piment haché à la préparation.

Soupe de petits pois et de pommes de terre

30 g de beurre
1 petit poireau (200 g) finement émincé
2 branches de céleri (200 g) parées et grossièrement hachées
3 grosses pommes de terre (900 g) coupées en gros morceaux
750 ml de bouillon de poule
500 ml d'eau
250 g de petits pois surgelés
80 ml de crème fraîche
1 c. à s. de feuilles de thym frais

1 Faites fondre le beurre dans une cocotte. Faites revenir le poireau et le céleri en remuant jusqu'à ce qu'ils soient tendres.
2 Ajoutez les pommes de terre, le bouillon de poule et l'eau. Couvrez et portez à ébullition. Réduisez le feu et laissez frémir 15 minutes en remuant de temps en temps jusqu'à ce que les pommes de terre soient tendres.
3 Ajoutez les petits pois et faites cuire 5 minutes sans couvrir.
4 Mixez la soupe dans un robot ou un blender puis reversez-la dans la cocotte. Ajoutez la crème fraîche et le thym et réchauffez quelques minutes.

à table en 30 minutes
pour 4 personnes **par portion** 16,2 g de lipides (dont 10,1 g d'acides gras saturés) ; 347 cal ; 34,4 g de glucides ; 11,9 g de protéines ; 8,5 g de fibres
astuce pour obtenir une soupe fluide, utilisez un blender ou un mixeur plongeant ou un moulin à légumes.

Soupe de lentilles aux épinards

2 c. à s. d'huile d'arachide
2 gros oignons (400 g) finement hachés
2 gousses d'ail pilées
2 c. à c. de cumin en poudre
1 c. à c. de curcuma en poudre
1 c. à c. de coriandre en poudre
600 g de lentilles corail
1,25 litre de bouillon de poule
1 litre d'eau
500 g d'épinards parés et finement hachés

1 Faites chauffer l'huile d'arachide dans une grande cocotte. Faites revenir les oignons et l'ail en remuant. Ajoutez les épices et remuez jusqu'à ce qu'elles embaument.
2 Ajoutez les lentilles et remuez pour bien les enrober d'épices. Versez le bouillon de poule et l'eau puis portez à ébullition. Réduisez le feu et faites cuire 20 minutes sans couvrir jusqu'à ce que les lentilles soient tendres.
3 Mixez la soupe dans un robot ou un blender puis reversez-la dans la cocotte. Incorporez les épinards et réchauffez quelques minutes.

à table en 35 minutes
pour 8 personnes **par portion** 6,9 g de lipides (dont 1,4 g d'acides gras saturés) ; 293 cal ; 32,5 g de glucides ; 21,4 g de protéines ; 11,9 g de fibres
astuce pour obtenir une soupe fluide, utilisez un blender, un mixeur plongeant ou un moulin à légumes.

Bouillon aux champignons asiatiques

huile de cuisson en spray
4 ciboules émincées
1 branche de céleri (100 g) parée et finement émincée
1,5 litre de bouillon de poule
375 ml d'eau
60 ml de sauce de soja claire
100 g de champignons shiitake émincés
100 g de champignons enoki émincés
150 g de pleurotes émincés
150 g de champignons de Paris émincés
½ c. à c. de cinq-épices
2 c. à s. de pousses vertes d'ail finement ciselées

1 Vaporisez un peu d'huile dans une grande casserole. Faites revenir les ciboules et le céleri en remuant.
2 Versez le bouillon de poule, l'eau et la sauce de soja puis portez à ébullition. Ajoutez les champignons et le cinq-épices. Réduisez le feu et laissez frémir 2 minutes.
3 Juste avant de servir, incorporez les pousses vertes d'ail.

à table en 20 minutes
pour 4 personnes **par portion** 1,9 g de lipides (dont 0,8 g d'acides gras saturés) ; 87 cal ; 5,7 g de glucides ; 9,7 g de protéines ; 4,5 g de fibres
note d'autres variétés de champignons peuvent aussi être utilisées pour cette recette.

Soupe aux patates douces

25 g de beurre
1 oignon moyen (150 g) grossièrement haché
2 gousses d'ail coupées en quatre
2 tranches de bacon (140 g) coupées en morceaux
125 ml de vin blanc sec
2 grosses pommes de terre (600 g) coupées en morceaux
3 petites patates douces (750 g) coupées en morceaux
750 ml de bouillon de poule
500 ml d'eau
60 ml de crème liquide
2 c. à c. de romarin frais finement ciselé

1 Faites fondre le beurre dans une grande casserole et faites revenir l'oignon, l'ail et le bacon, en remuant, jusqu'à ce que l'oignon soit tendre.
2 Ajoutez le vin, les pommes de terre et les patates douces puis portez à ébullition. Baissez le feu et laissez frémir 2 minutes en remuant.
3 Ajoutez le bouillon de poule et l'eau et portez de nouveau à ébullition. Baissez le feu et laissez frémir 15 minutes à couvert jusqu'à ce que les légumes soient tendres.
4 Mixez ou passez la préparation au robot, par petites quantités, pour obtenir une soupe homogène. Remettez-la dans la même casserole nettoyée. Ajoutez la crème et le romarin puis mélangez. Vous pouvez la servir avec quelques feuilles de romarin frais supplémentaires.

à table en 35 minutes
pour 4 personnes **par portion** 13,8 g de lipides (dont 8,4 g d'acides gras saturés) ; 387 cal ; 44,5 g de glucides ; 13,3 g de protéines ; 5,8 g de fibres
astuce pour obtenir une soupe fluide, utilisez un blender, un mixeur plongeant ou un moulin à légumes.

Soupe aux légumes de printemps

1 c. à s. d'huile d'olive
1 petit oignon (80 g) finement haché
1 gousse d'ail pilée
350 g de petites carottes coupées en rondelles épaisses
750 ml de bouillon de poule
500 ml d'eau
55 g de farfalline, risoni ou tout autre type de petites pâtes pour soupe
200 g d'asperges parées et coupées en lamelles épaisses
125 g de petits pois surgelés
25 g de parmesan râpé
1 c. à s. de ciboulette fraîche finement ciselée

1 Faites chauffer l'huile d'olive dans une grande casserole et faites-y revenir l'oignon et l'ail, en remuant, jusqu'à ce que l'oignon soit tendre. Ajoutez les carottes et faites cuire 2 minutes, en remuant.
2 Ajoutez le bouillon de poule et l'eau puis portez à ébullition. Ajoutez les pâtes et laissez frémir 8 minutes sans couvrir jusqu'à ce que les pâtes soient cuites. Portez de nouveau à ébullition, ajoutez les asperges et les petits pois et laissez frémir jusqu'à ce qu'ils soient tendres, sans couvrir.
3 Servez cette soupe garnie de parmesan et de ciboulette.

à table en 30 minutes
pour 4 personnes **par portion** 7,8 g de lipides (dont 2,3 g d'acides gras saturés) ; 191 cal ; 18,2 g de glucides ; 9,6 g de protéines ; 5,4 g de fibres
astuce si la soupe s'épaissit en refroidissant, diluez-la avec un peu d'eau ou de bouillon.

Velouté de pommes de terre et d'ail rôti

2 têtes d'ail moyennes (140 g) non pelées
2 c. à s. d'huile d'olive
2 oignons moyens (300 g) grossièrement hachés
1 c. à s. de feuilles de thym frais
5 pommes de terre moyennes (1 kg) coupées en morceaux
1,25 litre de bouillon de poule
180 ml de crème liquide

1 Préchauffez le four à 180 °C ou à 160 °C pour un four à chaleur tournante.
2 Séparez les têtes d'ail en gousses, sans les peler, et placez-les en une seule couche sur une plaque. Nappez-les avec la moitié de l'huile d'olive et faites-les griller 15 minutes, sans les couvrir. Laissez-les refroidir puis pelez-les et écrasez-les dans un bol.
3 Faites chauffer le reste de l'huile dans une grande casserole et faites-y revenir les oignons et le thym, en remuant, jusqu'à ce que les oignons soient tendres. Ajoutez les pommes de terre et le bouillon de poule, portez à ébullition puis baissez le feu et laissez frémir 15 minutes environ, sans couvrir, jusqu'à ce que les pommes de terre soient tendres. Ajoutez l'ail et laissez frémir 5 minutes de plus, sans couvrir.
4 Mixez ou passez au robot la préparation, par petites quantités, pour obtenir une soupe homogène puis remettez-la dans la même casserole, nettoyée. Faites chauffer et incorporez la crème liquide. Vous pouvez servir ce velouté garni de quelques feuilles de thym frais.

à table en 35 minutes
pour 4 personnes **par portion** 27,9 g de lipides (dont 13 g d'acides gras saturés) ; 446 cal ; 36,8 g de glucides ; 12 g de protéines ; 8,5 g de fibres
astuce pour obtenir une soupe onctueuse, utilisez un blender, un mixeur plongeant ou un moulin à légumes.

Soupe à la tomate, au poivron et aux haricots blancs

1 c. à s. d'huile d'olive
2 oignons moyens (300 g) grossièrement hachés
1 gros poivron rouge (350 g) grossièrement haché
1 piment rouge frais moyen finement haché
810 g de tomates concassées en boîte
1 litre de bouillon de poule
600 g de haricots blancs en boîte, rincés et égouttés

1 Faites chauffer l'huile d'olive dans une grande casserole et faites-y revenir les oignons, le poivron et le piment, en remuant, jusqu'à ce qu'ils soient tendres.
2 Ajoutez les tomates avec leur jus et le bouillon de poule et portez à ébullition. Réduisez le feu et laissez frémir 15 minutes environ, à couvert, jusqu'à ce que la préparation épaississe légèrement.
3 Mixez ou passez au robot la préparation, par petites quantités, pour obtenir un mélange homogène et versez-le dans la même casserole, nettoyée. Ajoutez les haricots blancs et réchauffez le tout.
4 Vous pouvez servir cette soupe avec des tranches de pain à l'ail.

à table en 30 minutes
pour 6 personnes **par portion** 4,3 g de lipides (dont 0,8 g d'acides gras saturés) ; 117 cal ; 11,7 g de glucides ; 6 g de protéines ; 4,2 g de fibres
astuce vous pouvez remplacer les haricots blancs, également appelés cocos blancs ou cannellini, par des haricots rouges, des pois chiches ou des petites pâtes.

salades

Coleslaw de chou rouge, pommes et carvi

Cette salade peut être servie aussi bien chaude que froide.

2 pommes vertes moyennes (300 g)
½ chou rouge moyen (800 g) détaillé en fines lamelles
2 c. à s. de graines de carvi grillées
1 c. à c. de moutarde de Dijon
125 ml d'huile d'olive
2 c. à s. de vinaigre de framboise

1 Épépinez les pommes sans les éplucher puis coupez-les en bâtonnets de la taille d'une allumette.
2 Mélangez les pommes, le chou et les graines de carvi dans un saladier. Mélangez les ingrédients restants, nappez la salade de cette sauce et remuez.

à table en 15 minutes
pour 8 personnes **par portion** 14,6 g de lipides (dont 2 g d'acides gras saturés) ; 173 cal ; 6,4 g de glucides ; 2,3 g de protéines ; 4,5 g de fibres
astuce vous pouvez remplacer le vinaigre de framboise par un autre vinaigre aromatisé aux fruits.

Salade de haricots blancs à la coriandre, à la menthe et à la citronnelle

800 g de haricots blancs en boîte, égouttés
150 g de pousses d'épinards
1 petit oignon rouge (100 g) émincé
2 piments rouges épépinés et émincés
sauce
1 gousse d'ail pilée
1 c. à s. de coriandre fraîche grossièrement hachée
1 c. à s. de menthe fraîche grossièrement hachée
10 cm de citronnelle fraîche (20 g) émincée
1 cm de gingembre frais (5 g) râpé
2 c. à s. d'huile de sésame
2 c. à s. de sauce de soja
2 c. à s. de sauce aux piments doux
2 c. à s. de jus de citron vert
1 c. à c. de miel

1 Mélangez les haricots blancs, les pousses d'épinards et l'oignon dans un saladier.
2 Préparez la sauce.
3 Au moment de servir, nappez la salade de sauce. Remuez délicatement, puis décorez de piments émincés.
sauce mélangez tous les ingrédients dans un shaker pour sauce à salade, fermez puis secouez.

à table en 15 minutes
pour 4 personnes **par portion** 10,5 g de lipides (dont 1,4 g d'acides gras saturés) ; 238 cal ; 19,8 g de glucides ; 10,4 g de protéines ; 10,7 g de fibres

Salade de chou et de nouilles croustillantes

240 g de chou blanc finement émincé
240 g de chou rouge finement émincé
300 g de nouilles croustillantes prêtes à l'emploi
8 ciboules finement émincées
1 botte de persil ciselé
2 c. à s. de graines de sésame grillées
vinaigrette
1 c. à s. d'huile de sésame
1 c. à s. d'huile d'arachide
2 c. à s. de vinaigre de vin blanc
2 c. à s. de sauce de soja claire
125 ml de sauce aux piments doux

1 Mettez les deux choux, les nouilles, les ciboules, le persil et les graines de sésame dans un saladier.
2 Préparez la vinaigrette.
3 Versez la vinaigrette sur la salade et mélangez délicatement.
vinaigrette versez tous les ingrédients dans un shaker pour sauce à salade, fermez puis secouez.

à table en 15 minutes
pour 4 personnes **par portion** 20,2 g de lipides (dont 4,8 g d'acides gras saturés) ; 335 cal ; 26,1 g de glucides ; 7,3 g de protéines ; 9,6 g de fibres
note préparez cette salade juste avant de la servir, sinon les nouilles risquent de sécher.

Salade de cresson

3 petites poires (375 g) coupées en fines lamelles
1 c. à c. de zeste d'orange finement râpé
125 ml de jus d'orange
300 g de pois gourmands parés
100 g de feuilles de cresson
boulettes de fromage
150 g de ricotta allégée
100 g de feta allégée
30 g de gruyère finement râpé
1 c. à s. de persil ciselé
1 c. à s. de ciboulette ciselée
2 c. à c. de feuilles de thym frais
1 c. à c. de curry en poudre
1 c. à c. de paprika doux

1 Mélangez les poires, le zeste et le jus d'orange dans un saladier. Couvrez et placez au réfrigérateur 15 minutes.
2 Faites cuire les pois gourmands à l'eau, à la vapeur ou au micro-ondes puis égouttez-les. Rincez-les sous l'eau froide et égouttez-les de nouveau.
3 Préparez les boulettes de fromage.
4 Dans un grand saladier, mélangez délicatement les poires avec le jus et le zeste d'orange, les pois gourmands et le cresson. Servez avec les boulettes de fromage.
boulettes de fromage mélangez tous les fromages, le persil, la ciboulette et le thym dans un saladier. Façonnez des boulettes avec ce mélange. Mélangez le curry et le paprika puis enrobez-en les boulettes.

à table en 30 minutes
pour 6 personnes **par portion** 6,5 g de lipides (dont 4 g d'acides gras saturés) ; 164 cal ; 14,7 g de glucides ; 10,4 g de protéines ; 3,6 g de fibres

Salade de choux, de fenouils et de carottes à l'orange

4 branches de céleri parées (400 g)
2 carottes moyennes (240 g)
2 bulbes de fenouil (400 g) parés et émincés
4 radis (60 g) coupés en fines rondelles
120 g de chou rouge coupé en fines lanières
400 g de chou chinois vert coupé en lanières
1 botte de basilic (les feuilles uniquement)
1 botte de menthe fraîche (les feuilles uniquement)
40 g de graines de citrouille
vinaigrette à l'orange
1 c. à s. de persil plat frais finement haché
4 ciboules grossièrement hachées
½ c. à c. de zeste d'orange finement râpé
80 ml de jus d'orange
2 c. à s. de vinaigre de framboise
2 gousses d'ail pilées
1 c. à c. d'huile d'arachide

1 Préparez la vinaigrette à l'orange.
2 Coupez le céleri et les carottes en tronçons de 6 cm puis détaillez-les en rubans à l'aide d'un économe. Mettez-les dans un saladier.
3 Ajoutez dans le saladier le fenouil, les radis, le chou rouge, le chou chinois, le basilic et la menthe. Versez la vinaigrette et remuez délicatement. Parsemez la salade de graines de citrouille et servez.
vinaigrette à l'orange mélangez tous les ingrédients dans un shaker pour sauce à salade, fermez puis secouez.

à table en 20 minutes
pour 4 personnes **par portion** 8,4 g de lipides (dont 0,9 g d'acides gras saturés) ; 761 cal ; 11,2 g de glucides ; 4,2 g de protéines ; 9,9 g de fibres

Salade de roquette et d'avocat

100 g de roquette
200 g de tomates cerises coupées en deux
1 gros avocat (320 g) coupé en morceaux
1 petit oignon rouge (100 g) finement émincé
150 g de bocconcinis en morceaux
2 c. à s. de pignons grillés
sauce
2 c. à s. de mayonnaise
1 c. à s. de jus de citron
1 c. à s. d'eau
4 filets d'anchois finement hachés
1 gousse d'ail pilée

1 Préparez la sauce.
2 Mettez tous les ingrédients dans un saladier, ajoutez la sauce et mélangez délicatement.
sauce battez tous les ingrédients dans un bol jusqu'à obtention d'une sauce onctueuse.

à table en 20 minutes
pour 6 personnes **par portion** 17,9 g de lipides (dont 4,8 g d'acides gras saturés) ; 207 cal ; 3,7 g de glucides ; 7,3 g de protéines ; 1,9 g de fibres

Salade crémeuse de pommes de terre

2 kg de pommes de terre lavées
3 tranches de bacon finement hachées
450 g de mayonnaise
1 c. à c. de gros sel
2 c. à s. d'huile d'olive
60 ml de vinaigre de vin blanc
4 œufs durs
1 petite botte de persil plat frais grossièrement ciselé

1 Faites cuire les pommes de terre à l'eau, à la vapeur ou au micro-ondes, laissez-les refroidir puis coupez-les en tranches épaisses et mettez-les dans un saladier.
2 Faites revenir le bacon à sec dans une poêle chaude, sans couvrir, jusqu'à ce qu'il soit doré et croustillant puis égouttez-le sur du papier absorbant.
3 Battez la mayonnaise, le sel, l'huile d'olive et le vinaigre dans un bol jusqu'à obtention d'une sauce onctueuse.
4 Coupez les œufs en huit dans le sens de la longueur.
5 Mélangez les pommes de terre, le bacon, la sauce, les œufs et le persil puis servez aussitôt.

à table en 35 minutes
pour 8 personnes **par portion** 26,4 g de lipides (3,9 g d'acides gras saturés) ; 478 cal ; 43,9 g de glucides ; 12,9 g de protéines ; 5,5 g de fibres

Salade de champignons à la ciboulette

600 g de champignons de Paris coupés en fines lamelles
6 brins de ciboulette fraîche grossièrement ciselée
6 brins de persil plat frais grossièrement ciselé
sauce
1 c. à c. de zeste de citron finement râpé
2 c. à s. de jus de citron
80 ml d'huile d'olive
½ c. à c. de grains de poivre vert égouttés et finement hachés

1 Préparez la sauce.
2 Mélangez les champignons, la ciboulette et le persil dans un saladier. Nappez de sauce.
sauce mettez tous les ingrédients dans un shaker pour sauce à salade, fermez-le puis secouez énergiquement.

à table en 15 minutes
pour 8 personnes **par portion** 9,3 g de lipides (dont 1,3 g d'acides gras saturés) ; 104 cal ; 1,3 g de glucides ; 2,8 g de protéines ; 2 g de fibres
astuce vous pouvez préparer cette salade jusqu'à deux heures à l'avance.

Salade de tomates, d'asperges et d'avocats

500 g d'asperges parées et coupées en deux
250 g de tomates cerises coupées en deux
500 g de tomates poires jaunes coupées en deux
100 g de feuilles de roquette
2 petits avocats (400 g) coupés en fines lamelles
1 botte de basilic ciselé
vinaigrette
80 ml d'huile d'olive
1 c. à s. de vinaigre de vin blanc
1 c. à s. de pesto au basilic
1 gousse d'ail pilée

1 Faites cuire les asperges à l'eau, à la vapeur ou au micro-ondes puis égouttez-les. Rincez-les sous l'eau froide et égouttez-les de nouveau.
2 Préparez la vinaigrette.
3 Mettez les asperges dans un grand saladier avec les tomates, la roquette, les avocats, le basilic et la vinaigrette. Mélangez délicatement.
vinaigrette versez tous les ingrédients dans un shaker pour sauce à salade, fermez puis secouez.

à table en 15 minutes
pour 4 personnes **par portion** 36,5 g de lipides (dont 6,4 g d'acides gras saturés) ; 385 cal ; 6,3 g de glucides ; 5,6 g de protéines ; 6 g de fibres

Salade de pommes de terre et de betteraves

3 grosses pommes de terre (750 g)
1 petite betterave fraîche (90 g)
40 g de petits pois surgelés
3 œufs durs coupés en quatre
210 g de yaourt nature
1 c. à s. d'aneth finement ciselé
1 c. à s. de persil finement ciselé
1 petit oignon rouge (100 g) finement haché

1 Faites cuire les pommes de terre à l'eau, à la vapeur ou au micro-ondes puis égouttez-les. Laissez-les refroidir puis coupez-les en cubes de 2 cm.
2 Faites cuire la betterave et les petits pois séparément à l'eau, à la vapeur ou au micro-ondes puis égouttez-les. Laissez-les refroidir, puis coupez la betterave en cubes.
3 Mettez les pommes de terre et les cubes de betterave dans un saladier, ajoutez les petits pois puis tous les ingrédients restants. Mélangez délicatement.

à table en 35 minutes
pour 4 personnes **par portion** 6,3 g de lipides (dont 2,4 g d'acides gras saturés) ; 246 cal ; 30,8 g de glucides ; 13 g de protéines ; 4,5 g de fibres

Salade tiède de pommes de terre et de chorizo

16 pommes de terre nouvelles (600 g) coupées en deux
3 chorizos (350 g) coupés en fines tranches
2 c. à s. d'huile d'olive
125 ml de vinaigre balsamique
2 c. à c. de sucre blanc
1 petit oignon rouge (100 g) finement émincé
200 g de petites feuilles d'épinards
250 g de tomates cerises coupées en deux

1 Faites cuire les pommes de terre à l'eau, à la vapeur ou au micro-ondes pendant 10 minutes, puis égouttez-les.
2 Faites cuire les tranches de chorizo à sec dans une poêle chaude jusqu'à ce qu'elles soient croustillantes et dorées des deux côtés. Réservez-les à part.
3 Faites dorer les pommes de terre dans la même poêle, en remuant doucement. Réservez-les.
4 Mélangez l'huile d'olive, le vinaigre et le sucre puis versez ce mélange dans la poêle, hors du feu. Remettez-la à chauffer et portez à ébullition, sans couvrir, pendant 2 minutes pour que la sauce réduise légèrement.
5 Mettez les pommes de terre, le chorizo, l'oignon, les épinards et les tomates dans un saladier, nappez de sauce et mélangez.

à table en 35 minutes
pour 4 personnes **par portion** 35,7 g de lipides (dont 10,8 g d'acides gras saturés) ; 534 cal ; 27,2 g de glucides ; 22,5 g de protéines ; 6 g de fibres

Salade de betteraves, d'asperges et de feta

340 g d'asperges parées, coupées en deux
2 bottes de menthe fraîche (les feuilles uniquement, déchirées)
450 g de betteraves rouges sous vide, coupées en quartiers
200 g de feta émiettée
50 g de noix coupées en deux, grillées
sauce au citron
1 gousse d'ail pilée
60 ml d'huile d'olive
1 ½ c. à s. de jus de citron

1 Faites cuire les asperges à l'eau, à la vapeur ou au micro-ondes pour qu'elles soient juste tendres puis égouttez-les.
2 Préparez la sauce au citron.
3 Mettez les asperges, les betteraves, la menthe, les noix et trois quarts de la feta dans un saladier, ajoutez la sauce et mélangez. Décorez avec le reste de feta.
sauce au citron mettez les ingrédients dans un shaker pour sauce à salade, fermez puis secouez énergiquement.

à table en 15 minutes
pour 6 personnes **par portion** 22,8 g de lipides (dont 6,8 g d'acides gras saturés) ; 270 cal ; 6,2 g de glucides ; 9,1 g de protéines ; 3,1 g de fibres

Fattoush

6 pains pita (500 g)
huile d'olive pour la friture
3 tomates moyennes (450 g) grossièrement concassées
1 gros poivron vert (350 g) grossièrement haché
2 petits concombres (260 g) épépinés et émincés
10 radis rouges (150 g) émincés
4 ciboules émincées
1 botte de persil plat (les feuilles uniquement)
1 petite botte de menthe fraîche grossièrement ciselée
sauce à l'ail et au citron
2 gousses d'ail pilées
60 ml d'huile d'olive
60 ml de jus de citron

1 Ouvrez les pains pitas en deux puis recoupez chaque moitié en tranches de 2,5 cm. Faites chauffer l'huile d'olive dans une grande poêle et faites-y frire les morceaux de pita puis égouttez-les sur du papier absorbant.
2 Préparez la sauce à l'ail et au citron.
3 Mettez les trois quarts du pain dans un saladier avec le reste des ingrédients. Versez la sauce et mélangez délicatement. Servez le reste de pita sur le fattoush.
sauce à l'ail et au citron mélangez tous les ingrédients dans un shaker pour sauce à salade, fermez puis secouez.

à table en 35 minutes
pour 4 personnes **par portion** 30,5 g de lipides (dont 4,2 g d'acides gras saturés) ; 644 cal ; 72,5 g de glucides ; 15,4 g de protéines ; 8,4 g de fibres
astuce pour une version allégée, faites griller les pitas au four préchauffé à 220 °C ou à 200 °C pour un four à chaleur tournante, au lieu de les faire frire. Vous pouvez vaporiser les morceaux de pita d'huile en utilisant un spray.

Salade de chicorée frisée au bacon et aux œufs, mayonnaise à l'échalote

4 tranches de bacon coupées en fines lamelles
150 g de petits haricots verts parés et coupés en deux
300 g de chicorée frisée
85 g de gros croûtons
4 œufs mollets coupés en quatre
mayonnaise à l'échalote
1 œuf
1 c. à s. d'aneth frais ciselé
1 c. à c. de moutarde de Dijon
1 c. à s. de jus de citron
125 ml d'huile d'olive
1 échalote finement hachée

1 Faites revenir le bacon dans une poêle jusqu'à ce qu'il soit croustillant. Faites cuire les haricots verts à l'eau, à la vapeur ou au micro-ondes jusqu'à ce qu'ils soient tendres puis rincez-les et égouttez-les.
2 Préparez la mayonnaise à l'échalote.
3 Mélangez la chicorée frisée, le bacon, les haricots verts et les croûtons dans un saladier. Garnissez avec les œufs et nappez de mayonnaise.
mayonnaise à l'échalote remplissez une petite casserole d'eau, plongez l'œuf dedans et portez à ébullition. Laissez bouillir 1 minute puis retirez l'œuf et passez-le sous l'eau froide. Ouvrez le haut de la coquille. Mélangez l'aneth, la moutarde et le jus de citron au robot, évidez l'œuf et ajoutez-le. Ajoutez l'huile d'olive en fin filet tout en continuant de faire tourner le robot. Incorporez l'échalote.

à table en 35 minutes
pour 6 personnes (en entrée) **par portion** 27 g de lipides (dont 4,8 g d'acides gras saturés) ; 348 cal ; 11,6 g de glucides ; 14,2 g de protéines ; 1,8 g de fibres

Salade de tomates bicolore

400 g de tomates cerises ou raisins
250 g de tomates poires jaunes coupées en deux
1 petite botte de basilic à petites feuilles (les feuilles uniquement)
2 c. à s. de vinaigre balsamique

1 Mélangez tous les ingrédients dans un saladier.

à table en 5 minutes
pour 8 personnes **par portion** 0,1 g de lipides (dont 0 g d'acides gras saturés) ; 14 cal ; 1,8 g de glucides ; 0,4 g de protéines ; 1,4 g de fibres

Salade de concombre à la menthe

4 petits concombres (520 g)
2 petites laitues parées
2 petits radicchios (400 g) parés
1 botte de menthe vietnamienne
1 piment rouge finement haché
5 cm de citronnelle (10 g) émincée
125 ml d'huile d'arachide
3 c. à c. d'huile de sésame
1 c. à s. de sucre roux
2 c. à c. de zeste de citron vert finement râpé
60 ml de jus de citron vert

1 Coupez les concombres en rondelles en biais.
2 Mélangez les concombres, les feuilles de laitue, de radicchios et de menthe dans un saladier puis ajoutez les ingrédients restants. Remuez délicatement.

à table en 15 minutes
pour 8 personnes **par portion** 16,2 g de lipides (dont 2,8 g d'acides gras saturés) ; 174 cal ; 4,4 g de glucides ; 1,5 g de protéines ; 2,8 g de fibres
note vous pouvez remplacer la menthe vietnamienne par de la menthe ordinaire et le piment rouge par un poivron rouge.

Salade de tomates et de radis

250 g de tomates poires jaunes
250 g de tomates cerises
5 tomates roma moyennes (375 g) coupées en morceaux
6 radis rouges (210 g) coupés en fines rondelles
1 oignon rouge moyen (170 g) émincé
100 g d'olives vertes dénoyautées et coupées en lamelles
6 branches de basilic frais à petites feuilles (les feuilles uniquement)
2 c. à s. de vinaigre de vin rouge
1 c. à s. d'huile d'olive

1 Mélangez tous les ingrédients dans un saladier.

à table en 15 minutes
pour 10 personnes **par portion** 3,5 g de lipides (dont 0,5 g d'acides gras saturés) ; 81 cal ; 8,9 g de glucides ; 1,8 g de protéines ; 3 g de fibres
astuce vous pouvez préparer cette salade quelques heures en avance et ajouter le basilic, le vinaigre et l'huile d'olive juste avant de servir.

Salade verte au fenouil et aux herbes

1 petite laitue romaine coupée en lanières
200 g de petites feuilles de roquette
100 g de cresson
5 ciboules hachées
1 petit bulbe de fenouil (200 g) coupé en fines lamelles
6 brins d'aneth frais grossièrement ciselé
1 petite botte de menthe fraîche (les feuilles uniquement)
80 g de pignons de pin grillés
sauce
60 ml d'huile d'olive
60 ml de vinaigre

1 Préparez la sauce.
2 Mettez la laitue, la roquette, le cresson, les ciboules, le fenouil, l'aneth, la menthe et les pignons dans un saladier, ajoutez la sauce et mélangez.
sauce mettez les ingrédients dans un shaker pour sauce à salade, fermez puis secouez énergiquement.

à table en 15 minutes
pour 8 personnes **par portion** 14,2 g de lipides (dont 1,4 g d'acides gras saturés) ; 153 cal ; 2,4 g de glucides ; 3 g de protéines ; 2,6 g de fibres

Salade caprese à l'avocat

4 grosses tomates en grappe (480 g)
250 g de bocconcinis
1 gros avocat (320 g) coupé en deux
6 branches de basilic à petites feuilles (les feuilles uniquement)
2 c. à s. d'huile d'olive
1 c. à s. de vinaigre balsamique

1 Coupez les tomates et les bocconcinis en rondelles et l'avocat en tranches épaisses.
2 Disposez les tomates, les bocconcinis et l'avocat sur un plat, garnissez de basilic. Mélangez l'huile d'olive et le vinaigre puis nappez la salade de cette sauce. Vous pouvez ajouter un peu de poivre fraîchement moulu.

à table en 10 minutes
pour 4 personnes **par portion** 31,4 g de lipides (dont 10,3 g d'acides gras saturés) ; 348 cal ; 2,5 g de glucides ; 13,1 g de protéines ; 2,4 g de fibres
astuce nous utilisons des tomates en grappe bien fermes pour cette recette simple qui fait ressortir leur couleur, leur goût prononcé légèrement acidulé et leur croquant. Choisissez toujours des tomates en grappe pour les recettes où elles sont crues et des tomates moins chères pour les recettes où elles sont cuites.

Salade d'asperges et de fèves

300 g d'asperges parées, coupées en deux dans la longueur
500 g de fèves surgelées
1 salade feuille de chêne verte
1 petite laituc romaine
1 petite chicorée frisée
170 g de noix de pécan grillées
sauce
80 ml de jus de citron
160 ml d'huile d'olive
1 c. à c. de sucre en poudre
2 c. à s. de persil plat frais finement ciselé
2 c. à s. de ciboulette fraîche finement ciselée

1 Faites cuire les asperges à l'eau, à la vapeur ou au micro-ondes pour qu'elles soient juste tendres puis égouttez-les.
2 Versez de l'eau bouillante sur les fèves, égouttez-les puis pelez-les.
3 Préparez la sauce.
4 Mélangez les asperges, la salade feuille de chêne, la laitue romaine, la chicorée frisée et les fèves dans un grand plat, nappez de sauce et garnissez de noix de pécan.
sauce mettez les ingrédients dans un shaker pour sauce à salade, fermez puis secouez énergiquement.

à table en 30 minutes
pour 10 personnes **par portion** 27,2 g de lipides (dont 2,8 g d'acides gras saturés) ; 311 cal ; 6,9 g de glucides ; 6,3 g de protéines ; 8 g de fibres
astuce vous pouvez préparer les légumes quelques heures à l'avance, les couvrir et les placer au réfrigérateur. Ajoutez la sauce et les noix de pécan juste avant de servir.

Salade de fenouil au parmesan

6 petits bulbes de fenouil (900 g) parés
100 g de parmesan
quelques brins de plumet de fenouil
vinaigrette au citron
60 ml d'huile d'olive
2 c. à s. de jus de citron
2 c. à c. de plumet de fenouil finement ciselé
1 gousse d'ail pilée
1 c. à c. de moutarde de Dijon
1 c. à c. de sucre blanc

1 Coupez le fenouil en fines lamelles à l'aide d'une mandoline (en V ou non) ou un couteau bien aiguisé. Faites des copeaux de parmesan à l'aide d'un économe.
2 Préparez la vinaigrette au citron.
3 Mettez le fenouil, le parmesan et le plumet de fenouil dans un saladier, ajoutez la vinaigrette et mélangez.
vinaigrette au citron mettez les ingrédients dans un shaker pour sauce à salade, fermez puis secouez énergiquement.

à table en 15 minutes
pour 6 personnes (en accompagnement) **par portion** 14,6 g de lipides (dont 4,7 g d'acides gras saturés) ; 180 cal ; 3,7 g de glucides ; 7,3 g de protéines ; 2,5 g de fibres
note cette salade est meilleure préparée au dernier moment, sauf la vinaigrette au citron qui peut être préparée la veille.

Salade composée aux haricots blancs et au basilic

340 g d'asperges parées et coupées en tronçons de 4 cm
150 g de pois mange-tout parés et coupés en biais
1 petite feuille de chêne rouge parée
400 g de haricots blancs en boîte, rincés et égouttés
250 g de tomates cerises coupées en deux
200 g de feta émiettée
2 petites bottes de basilic à petites feuilles frais (les feuilles uniquement)
sauce au basilic
2 c. à s. de basilic frais finement ciselé
60 ml d'huile d'olive
2 c. à s. de vinaigre de vin blanc
1 c. à s. de jus de citron
1 c. à c. de moutarde de Dijon

1 Faites cuire les asperges et les pois mange-tout, séparément, à l'eau, à la vapeur ou au micro-ondes, puis égouttez-les. Rincez-les sous l'eau froide et égouttez-les.
2 Préparez la sauce au basilic.
3 Mettez la feuille de chêne rouge dans un plat avec les asperges, les pois mange-tout et les haricots blancs, nappez avec un quart de la sauce et mélangez. Garnissez avec les tomates, la feta et le basilic et nappez du reste de la sauce.
sauce au basilic mettez les ingrédients dans un shaker pour sauce à salade, fermez puis secouez énergiquement.

à table en 15 minutes
pour 6 personnes **par portion** 17,2 g de lipides (dont 6,4 g d'acides gras saturés) ; 210 cal ; 4,3 g de glucides ; 9,5 g de protéines ; 3,7 g de fibres
note il existe de nombreuses sortes de haricots blancs en conserve, parmi lesquelles les cannellini et les cocos blancs. Toutes conviennent pour cette recette.

Salade de carottes et d'oranges à la marocaine

500 g de petites carottes épluchées
2 petites oranges (360 g) pelées à vif et séparées en quartiers
½ petit oignon rouge (40 g) coupé en fines lamelles
6 brins de coriandre fraîche (les feuilles uniquement)
1 c. à s. d'eau de fleur d'oranger
2 c. à s. de sucre en poudre
2 c. à s. de jus de citron

1 Coupez les carottes en fins bâtonnets.
2 Mélangez les carottes et les autres ingrédients dans un saladier.

à table en 20 minutes
pour 6 personnes **par portion** 0,1 g de lipides (dont 0 g d'acides gras saturés) ; 55 cal ; 10,6 g de glucides ; 1,2 g de protéines ; 3,1 g de fibres
astuce l'eau de fleur d'oranger peut avoir un goût plus ou moins prononcé d'une marque à l'autre. Nous vous conseillons de mettre la moitié de la quantité recommandée dans la recette et d'ajuster ensuite en fonction de vos goûts.

Salade de haricots blancs, de maïs et d'avocat

400 g de haricots cannellini en boîte, rincés et égouttés
310 g de maïs en boîte, rincé et égoutté
2 branches de céleri parées (200 g) émincées
100 g de poivrons rôtis coupés en morceaux
1 gros avocat (250 g) coupé en petits morceaux
sauce à la ciboulette
2 c. à s. de ciboulette fraîche ciselée
1 c. à s. d'huile d'olive
1 c. à s. de jus de citron
1 c. à s. de vinaigre de vin rouge

1 Préparez la sauce à la ciboulette.
2 Mélangez les haricots, le maïs, le céleri, les poivrons et l'avocat dans un saladier, ajoutez la sauce et mélangez.
sauce à la ciboulette mettez les ingrédients dans un shaker pour sauce à salade, fermez puis secouez énergiquement.

à table en 15 minutes
pour 6 personnes **par portion** 11,5 g de lipides (dont 2 g d'acides gras saturés) ; 187 cal ; 13,5 g de glucides ; 4,9 g de protéines ; 5 g de fibres
note vous pouvez préparer la base de la sauce à la ciboulette la veille et ajouter la ciboulette fraîche juste avant d'assaisonner la salade.

Salade d'épinards, de boulgour et de pois chiches

1 gros poivron rouge (350 g)
160 g de boulgour
250 ml d'eau bouillante
420 g de pois chiches en boîte, rincés et égouttés
1 branche de céleri (100 g) émincée
50 g de pousses d'épinards
sauce au sumac et aux herbes
1 c. à s. de graines de sésame
2 c. à s. de sumac
1 c. à s. de thym frais ciselé
1 c. à s. d'origan frais ciselé
125 ml de jus de citron vert
1 c. à s. d'huile d'olive
1 gousse d'ail pilée

1 Coupez le poivron en quatre. Épépinez-le et retirez la membrane blanche. Faites griller les quartiers de poivron au four préchauffé à 240 °C ou à 220 °C pour un four à chaleur tournante, côté peau vers le haut, jusqu'à ce que ceux-ci commencent à noircir. Mettez alors le poivron dans un sac plastique et laissez-le refroidir 5 minutes avant de le peler. Détaillez-le ensuite en fines lanières.
2 Mettez le boulgour dans un saladier et versez dessus l'eau bouillante. Laissez gonfler 10 minutes. Quand toute l'eau est absorbée, il doit être tendre.
3 Préparez la sauce au sumac et aux herbes.
4 Mélangez dans un saladier le poivron, le boulgour, les pois chiches, le céleri et les pousses d'épinards. Versez la sauce et remuez délicatement.
sauce au sumac et aux herbes fouettez tous les ingrédients dans un bol.

à table en 30 minutes
pour 4 personnes **par portion** 8,6 g de lipides (dont 1,2 g d'acides gras saturés) ; 275 cal ; 37,3 g de glucides ; 11,2 g de protéines ; 11,8 g de fibres

Salade de légumes asiatiques

1 petit chou chinois (700 g) coupé en fines lamelles
1 feuille de chêne rouge (380 g) avec ses feuilles déchirées
100 g de mizuna
100 g de pousses de pois mange-tout parées
100 g de pois mange-tout parés et coupés en fines lamelles
½ radis blanc (200 g) coupé en fines rondelles
4 ciboules finement émincées
sauce au sésame et au gingembre
80 ml de sauce de soja allégée en sel
2 c. à s. de vinaigre blanc
2 c. à c. d'huile de sésame
1 cm de gingembre frais (5 g) râpé
1 gousse d'ail pilée

1 Préparez la sauce au sésame et au gingembre.
2 Mélangez tous les ingrédients dans un saladier, ajoutez la sauce et mélangez.
sauce au sésame et au gingembre mettez les ingrédients dans un shaker pour sauce à salade, fermez puis mélangez énergiquement.

à table en 20 minutes
pour 8 personnes **par portion** 1,4 g de lipides (dont 0,2 g d'acides gras saturés) ; 46 cal ; 4,8 g de glucides ; 3,2 g de protéines ; 3,1 g de fibres

Fleurs de courgette farcies, tomates cerises et trévise

Achetez si possible des fleurs de courgette restées sur le jeune légume. Pour cette recette, il vous faut 2 salades trévise dont vous ne garderez que l'intérieur et le cœur.

2 c. à s. de sauge fraîche ciselée
2 c. à c. de zeste de citron râpé
1 oignon rouge (100 g) finement haché
100 g de fromage de chèvre émietté
100 g de ricotta
24 petites courgettes avec leurs fleurs
250 g de tomates poires jaunes
1 c. à s. d'huile d'olive
1 c. à c. de vinaigre balsamique
100 g de feuilles de trévise

1 Préchauffez le four à 240 °C ou à 220 °C pour un four à chaleur tournante.
2 Mettez la sauge, le zeste de citron, l'oignon, le fromage de chèvre et la ricotta dans un saladier. Mélangez le tout à l'aide d'une cuillère en bois.
3 Débarrassez le cœur des fleurs de leurs étamines et garnissez-les de la préparation au fromage. Tournez l'extrémité des pétales pour enfermer la garniture et déposez les courgettes sur une plaque de cuisson légèrement huilée. Étalez les tomates dans un plat à gratin et arrosez-les d'huile d'olive et de vinaigre mélangés. Faites rôtir les courgettes et les tomates 10 minutes au four.
4 Mélangez les tomates et le jus rendu dans un plat de service puis ajoutez la trévise. Servez avec les fleurs de courgette farcies.

à table en 35 minutes
pour 4 personnes **par portion** 11,8 g de lipides (dont 5 g d'acides gras saturés) ; 170 cal ; 5,5 g de glucides ; 8,3 g de protéines ; 3,8 g de fibres
astuce pour farcir les fleurs de courgettes, vous pouvez utiliser une poche à douille.

Salade croquante et omelette au sésame

8 œufs
125 ml de lait
30 g de ciboulette grossièrement ciselée
2 c. à s. de graines de sésame grillées
640 g de chou chinois émincé
2 piments rouges épépinés et émincés
350 g de poivron rouge émincé
350 g de poivron vert émincé
1 c. à s. de menthe fraîche grossièrement ciselée
1 bâton de citronnelle fraîche (5 cm) finement hachée
sauce au piment
2 c. à c. de graines de sésame grillées
60 ml de vinaigre de riz
60 ml d'huile d'arachide
1 c. à c. d'huile de sésame
60 ml de sauce de piment doux

1 Mettez les œufs avec le lait, la ciboulette et les graines de sésame dans un récipient puis battez-les en omelette. Faites-les cuire en quatre fois dans une grande poêle antiadhésive légèrement huilée. Quand les omelettes sont cuites, roulez-les et découpez-les en tronçons de 3 mm.
2 Préparez la sauce au piment.
3 Mettez les trois quarts de l'omelette dans un grand saladier avec le chou chinois, les piments, les poivrons, la menthe, la citronnelle et la sauce. Remuez délicatement puis répartissez cette salade dans les assiettes. Garnissez avec le reste de l'omelette et servez.
sauce au piment mélangez tous les ingrédients dans un shaker pour sauce à salade, fermez puis secouez.

à table en 35 minutes
pour 4 personnes **par portion** 31,1 g de lipides (dont 7,2 g d'acides gras saturés) ; 413 cal ; 11,1 g de glucides ; 20,2 g de protéines ; 5,2 g de fibres
note vous pouvez préparer les omelettes 3 heures à l'avance et les réserver au réfrigérateur. Dans ce cas, roulez-les et tranchez-les juste avant de préparer la salade.

Salade de pommes de terre, de haricots verts et de feta

720 g de petites pommes de terre
250 g de haricots verts
4 tomates moyennes (500 g) coupées en morceaux
200 g de feta coupée en dés
2 c. à s. de petites câpres, rincées et égouttées
200 g d'olives noires
sauce
60 ml de vinaigre de vin blanc
180 ml d'huile d'olive
1 c. à c. de moutarde de Dijon
1 c. à s. de ciboulette fraîche finement ciselée

1 Faites cuire les pommes de terre à l'eau, à la vapeur ou au micro-ondes puis égouttez-les.
2 Préparez la sauce.
3 Mélangez les pommes de terre avec la moitié de la sauce.
4 Faites cuire les haricots verts à l'eau, à la vapeur ou au micro-ondes puis égouttez-les.
5 Mettez les pommes de terre, les haricots verts, les tomates, la feta, les câpres et les olives dans un saladier, ajoutez le reste de la sauce et mélangez.
sauce mettez tous les ingrédients dans un shaker pour sauce à salade, fermez puis secouez énergiquement.

à table en 25 minutes
pour 4 personnes **par portion** 46,1 g de lipides (dont 8,6 g d'acides gras saturés) ; 617 cal ; 39,6 g de glucides ; 7,5 g de protéines ; 7,6 g de fibres

Coleslaw

Voici une recette parfaite pour ceux qui n'aiment pas les sauces trop crémeuses qui assaisonnent habituellement les coleslaw.

1 chou blanc moyen (1,5 kg) détaillé en fines lamelles
15 ciboules finement émincées
2 petits piments rouges frais finement hachés
2 petites bottes de menthe fraîche grossièrement ciselée
1 petite botte de persil plat frais grossièrement ciselé
6 branches de coriandre fraîche grossièrement ciselée
sauce au citron
60 ml de jus de citron
1 c. à s. de moutarde de Dijon
125 ml d'huile d'arachide

1 Mélangez le chou avec les ciboules, les piments et les herbes.
2 Préparez la sauce au citron.
3 Versez la sauce sur la salade et mélangez.
sauce au citron mettez tous les ingrédients dans un shaker pour sauce à salade, fermez puis secouez énergiquement.

à table en 20 minutes
pour 8 personnes **par portion** 14,6 g de lipides (dont 2,6 d'acides gras saturés) ; 185 cal ; 6,8 g de glucides ; 3,2 g de protéines ; 8,3 g de fibres

Salade de courgettes à la menthe et aux amandes

4 courgettes vertes moyennes (480 g)
4 courgettes jaunes moyennes (480 g)
80 g d'amandes mondées, grillées
2 gros poivrons rouges (700 g) finement émincés
1 botte de menthe fraîche ciselée
vinaigrette à la framboise
125 ml d'huile d'olive
1 c. à s. de jus de citron
1 c. à c. de zeste de citron finement râpé
2 c. à s. de vinaigre de framboise

1 À l'aide d'un économe, détaillez les courgettes en rubans fins.
2 Préparez la vinaigrette à la framboise.
3 Mettez les courgettes dans un saladier, ajoutez les amandes, les poivrons, la menthe et la vinaigrette. Mélangez délicatement.
vinaigrette à la framboise versez tous les ingrédients dans un shaker pour sauce à salade, fermez puis secouez.

à table en 20 minutes
pour 6 personnes **par portion** 27 g de lipides (dont 3,2 g d'acides gras saturés) ; 305 cal ; 7,3 g de glucides ; 6,3 g de protéines ; 5,1 g de fibres
note une botte de menthe peut être conservée au réfrigérateur, les tiges dans un verre d'eau et les feuilles couvertes d'un sac en plastique pendant 5 jours.

Salade césar à l'avocat

2 petites boules de pain (80 g) coupées en tranches
1 gousse d'ail pilée
1 c. à s. d'huile d'olive
2 petites laitues, feuilles séparées
1 gros oignon rouge (300 g) finement émincé
2 avocats moyens (500 g) coupés en gros morceaux
50 g de tomates séchées à l'huile, égouttées et émincées
60 g de parmesan râpé
vinaigrette
1 gousse d'ail pilée
2 jaunes d'œufs
2 c. à c. de moutarde de Dijon
2 c. à s. de vinaigre de vin blanc
250 ml d'huile d'olive légère

1 Préchauffez le four à 200 °C ou à 180 °C pour un four à chaleur tournante.
2 Disposez les tranches de pain sur une plaque de cuisson en une seule couche. Frottez-les avec l'ail et l'huile d'olive. Faites-les dorer 5 minutes environ.
3 Préparez la vinaigrette.
4 Placez les croûtons de pain ainsi que tous les ingrédients restants dans un saladier. Nappez de vinaigrette et mélangez.
vinaigrette mixez au robot l'ail, les jaunes d'œufs, la moutarde et le vinaigre. Sans arrêter le moteur, incorporez progressivement l'huile d'olive. Mixez jusqu'à obtention une sauce homogène.

à table en 25 minutes
pour 4 personnes **par portion** 90,4 g de lipides (dont 17,1 g d'acides gras saturés) ; 953 cal ; 19,7 g de glucides ; 14,5 g de protéines ; 6,9 g de fibres
note vous pouvez préparer les croûtons à l'ail la veille. Conservez-les dans une boîte hermétique.

Salade de betteraves au citron

850 g de petites betteraves cuites, coupées en quatre
80 g de germes de soja
1 carotte moyenne (120 g) détaillée en lanières
1 branche de céleri parée (100 g) coupée en tranches fines
1 petit oignon rouge (100 g) émincé
1 botte de menthe fraîche (les feuilles uniquement)
sauce
1 c. à s. de zeste de citron vert finement râpé
60 ml de jus de citron vert
2 c. à s. d'huile d'olive

1 Préparez la sauce.
2 Mélangez les betteraves, les germes de soja, la carotte, le céleri, l'oignon et la menthe dans un saladier. Nappez la salade de sauce.
sauce mélangez tous les ingrédients dans un shaker pour sauce à salade, fermez puis secouez.

à table en 20 minutes
pour 4 personnes **par portion** 9,4 g de lipides (dont 1,3 g d'acides gras saturés) ; 180 cal ; 17,5 g de glucides ; 3,6 g de protéines ; 6,4 g de fibres

Salade de roquette

200 g de roquette ou de laitue
1 petit oignon rouge (100 g) finement émincé
sauce
2 c. à s. d'huile d'olive
1 c. à s. de vinaigre de vin blanc ou rouge
½ c. à c. de moutarde de Dijon
½ c. à c. de sucre blanc

1 Préparez la sauce.
2 Mélangez la salade et la sauce dans un saladier.
sauce mettez tous les ingrédients dans un shaker pour sauce à salade, fermez puis secouez énergiquement.

à table en 5 minutes
pour 6 personnes **par portion** 6,3 g de lipides (dont 0,9 g d'acides gras saturés) ; 70 cal ; 2 g de glucides ; 1,1 g de protéines ; 0,7 g de fibres
note la roquette ayant un goût légèrement piquant, vous pouvez la remplacer par une autre variété de salade.

Salade composé

1 petite baguette
2 gousses d'ail pilées
60 ml d'huile d'olive
6 tranches de bacon (420 g) finement émincées
150 g de mesclun
6 tomates roma moyennes (450 g) coupées en tranches
4 œufs durs coupés en deux dans le sens de la longueur
vinaigrette
60 ml de vinaigre au vin rouge
3 c. à c. de moutarde de Dijon
80 ml d'huile d'olive

1 Préchauffez le gril.
2 Coupez la baguette en tranches de 1 cm d'épaisseur. Frottez les deux faces de chaque tranche avec le mélange ail-huile d'olive puis faites-les dorer sous le gril.
3 Faites revenir le bacon dans une poêle jusqu'à ce qu'il soit croustillant, puis égouttez-le sur du papier absorbant.
4 Préparez la vinaigrette.
5 Disposez les croûtons et le bacon dans un grand saladier, ajoutez le mesclun et les tomates, puis les œufs. Nappez de vinaigrette.
vinaigrette versez tous les ingrédients dans un shaker pour sauce à salade, fermez puis secouez.

à table en 35 minutes
pour 4 personnes **par portion** 48,3 g de lipides (dont 9,9 g d'acides gras saturés) ; 618 cal ; 19,7 g de glucides ; 25,2 g de protéines ; 3,5 g de fibres

Salade de pommes de terre et vinaigrette aux herbes

2 kg de pommes de terre nouvelles coupées en deux
vinaigrette aux herbes
1 botte de menthe fraîche hachée
1 botte de persil haché
80 ml de vinaigre de vin rouge
60 ml d'huile d'olive
2 c. à s. de sucre roux

1 Faites cuire les pommes de terre à l'eau, à la vapeur ou au micro-ondes. Égouttez-les puis gardez-les au chaud.
2 Préparez la vinaigrette aux herbes.
3 Mettez les pommes de terre dans un saladier et nappez-les de vinaigrette. Mélangez délicatement.
vinaigrette aux herbes versez tous les ingrédients dans un shaker pour sauce à salade, fermez puis secouez.

à table en 30 minutes
pour 8 personnes **par portion** 7,1 g de lipides (dont 1 g d'acides gras saturés) ; 248 cal ; 36,2 g de glucides ; 6,1 g de protéines ; 5,3 g de fibres
conseil préparez la vinaigrette la veille pour que les arômes aient le temps de se libérer. Conservez-la au réfrigérateur à couvert.

Salade grecque

6 tomates roma moyennes (450 g)
3 petits concombres (400 g)
1 poivron vert moyen (200 g)
1 oignon rouge moyen (100 g)
150 g d'olives kalamata
125 ml d'huile d'olive
150 g de feta
½ c. à c. d'origan séché

1 Coupez les tomates, les concombres et le poivron en gros morceaux et l'oignon en quartiers.
2 Mettez les tomates, les concombres, le poivron, l'oignon et les olives dans un grand plat, ajoutez presque toute l'huile d'olive et mélangez délicatement.
3 Coupez la feta en deux et disposez-la sur la salade. Parsemez d'origan et nappez du reste d'huile d'olive.

à table en 10 minutes
pour 8 personnes **par portion** 18,9 g de lipides (dont 4,9 g d'acides gras saturés) ; 221 cal ; 7,5 g de glucides ; 4,8 g de protéines ; 1,8 g de fibres

Salade de roquette au parmesan

Cette salade est un grand classique des restaurants italiens. La légère amertume de la roquette et l'acidité du vinaigre balsamique se marient parfaitement avec la plupart des plats de la cuisine italienne.

60 g de parmesan
200 g de petites feuilles de roquette
80 g de tomates mi-séchées coupées en deux dans le sens de la longueur
40 g de pignons de pin grillés
60 ml de vinaigre balsamique
60 ml d'huile d'olive

1 Coupez le parmesan en lamelles larges et longues à l'aide d'un couteau économe.
2 Mélangez l'huile d'olive et le vinaigre. Mettez la roquette, les tomates et les pignons dans un saladier, ajoutez le parmesan et la sauce puis mélangez délicatement.

à table en 25 minutes
pour 8 personnes **par portion** 13,4 g de lipides (dont 2,8 g d'acides gras saturés) ; 161 cal ; 4,1 g de glucides ; 5,2 g de protéines ; 2 g de fibres

Salade d'épinards aux champignons, aux œufs pochés et sauce aux anchois

40 g de beurre
200 g de champignons de Paris blonds émincés
100 g de champignons de Paris bruns émincés
100 g de champignons shiitake émincés
4 œufs
270 g de poivrons grillés à l'huile, émincés
300 g de feuilles d'épinards
sauce aux anchois
2 c. à s. de sauge fraîche hachée
1 c. à s. de câpres égouttées et rincées
6 filets d'anchois égouttés
2 c. à s. de vinaigre balsamique
60 ml d'huile d'olive
2 c. à s. d'eau

1 Faites fondre le beurre dans une poêle à frire. Faites-y revenir les champignons en remuant. Mettez-les dans un grand saladier et gardez-les au chaud.
2 Remplissez une grande poêle à moitié d'eau et portez à ébullition. Cassez les œufs, un par un, dans la poêle. Quand l'ébullition reprend, couvrez la poêle, éteignez le feu et laissez reposer 4 minutes jusqu'à ce que le blanc forme une pellicule fine autour du jaune. Retirez les œufs un par un à l'aide d'une écumoire, puis égouttez-les sur du papier absorbant.
3 Préparez la sauce aux anchois.
4 Ajoutez les poivrons et la moitié de la sauce au mélange de champignons et mélangez délicatement.
5 Répartissez les épinards dans les assiettes. Mettez dessus les champignons puis les œufs. Nappez de sauce restante.
sauce aux anchois mixez tous les ingrédients dans un robot.

à table en 30 minutes
pour 4 personnes **par portion** 26,5 g de lipides (dont 5,4 g d'acides gras saturés) ; 325 cal ; 5,4 g de glucides ; 14,4 g de protéines ; 4,6 g de fibres

Coleslaw à la vietnamienne

Pour cette recette, il vous faut un chou chinois de 1,2 kg environ.

2 carottes moyennes (240 g)
½ papaye verte (325 g)
640 g de chou blanc coupé en lanières
1 petite botte de menthe fraîche (les feuilles uniquement)
1 petite botte de coriandre fraîche (les feuilles uniquement)
75 g de cacahuètes grillées concassées
sauce au citron vert
60 ml de jus de citron vert
1 gousse d'ail pilée
1 petit piment thaï rouge frais finement haché
2 c. à s. de sucre de palme râpé
2 c. à s. de nuoc-mâm
2 c. à c. d'huile d'arachide

1 Coupez des rubans de carotte et de papaye à l'aide d'un économe.
2 Préparez la sauce au citron vert.
3 Mettez les rubans de carotte et de papaye dans un saladier avec le chou, les herbes et les cacahuètes. Ajoutez la sauce et mélangez délicatement.
sauce au citron vert mettez tous les ingrédients dans un shaker pour sauce à salade, fermez puis secouez énergiquement.

à table en 25 minutes
pour 8 personnes **par portion** 5,7 g de lipides (dont 0,9 g d'acides gras saturés) ; 109 cal ; 8,6 g de glucides ; 4,2 g de protéines ; 3,7 g de fibres

Salade de tomates, d'olives et de feta

400 g de tomates cerises coupées en deux
250 g de tomates poires jaunes coupées en deux
200 g d'olives noires
2 petites courgettes (180 g) coupées en deux dans le sens de la longueur
1 petit oignon rouge (80 g) finement émincé
100 g de feta émiettée
sauce
60 ml d'huile d'olive
2 c. à s. de jus de citron
2 gousses d'ail pilées
1 c. à c. de marjolaine fraîche ou de feuilles d'origan

1 Mélangez les tomates et les olives dans un saladier.
2 Émincez les courgettes en biais, puis ajoutez-les dans le saladier ainsi que l'oignon.
3 Préparez la sauce puis nappez-en la salade. Ajoutez la feta et mélangez.
sauce mettez tous les ingrédients dans un shaker pour sauce à salade, fermez puis secouez.

à table en 20 minutes
pour 6 personnes **par portion** 13,6 g de lipides (dont 3,9 g d'acides gras saturés) ; 191 cal ; 11,4 g de glucides ; 4,4 g de protéines ; 3 g de fibres

Salade de pommes de terre à la sauce aux anchois et à la moutarde

1 kg de petites pommes de terre brossées
120 g de crème aigre
150 g de mayonnaise
1 c. à s. de moutarde de Dijon
1 anchois rincé et finement haché
1 gousse d'ail pilée
6 branches de persil plat frais (les feuilles uniquement)
2 c. à c. de petites câpres, rincées et égouttées

1 Faites cuire les pommes de terre à l'eau, à la vapeur ou au micro-ondes. Égouttez-les ensuite, laissez-les refroidir puis coupez-les en rondelles épaisses.
2 Mélangez la crème aigre, la mayonnaise, la moutarde, l'anchois et l'ail dans un saladier. Ajoutez les pommes de terre et la moitié du persil puis mélangez délicatement.
3 Servez garni de câpres et du reste de persil.

à table en 35 minutes
pour 4 personnes **par portion** 24,3 g de lipides (dont 9,3 g d'acides gras saturés) ; 428 cal ; 41,5 g de glucides ; 7,5 g de protéines ; 5,7 g de fibres
note vous pouvez préparer cette salade plusieurs heures à l'avance et la conserver au réfrigérateur, couverte d'un film alimentaire.

Salade de tomates et de concombre

½ c. à c. de graines de cumin
¼ de c. à c. de piment en poudre
1 petit oignon rouge (170 g) finement émincé
4 tomates roma moyennes (300 g) coupées en rondelles
1 gros concombre (400 g) coupé en fines rondelles
2 c. à s. de jus de citron

1 Faites griller les graines de cumin à sec dans une poêle, à feu doux, jusqu'à ce que les arômes se libèrent. Mixez, passez au robot ou écrasez dans un mortier les graines de cumin avec le piment pour obtenir une poudre fine.
2 Mélangez les épices et l'oignon.
3 Disposez les rondelles de tomates sur un plat, puis les rondelles de concombre puis nappez de jus de citron puis garnissez de l'oignon.

à table en 15 minutes
pour 8 personnes **par portion** 0,1 g de lipides (dont 0 g d'acides gras saturés) ; 20 cal ; 3 g de glucides ; 1 g de protéines ; 1 g de fibres
note cette salade est meilleure préparée juste avant de servir, mais vous pouvez faire le mélange d'épices plusieurs heures à l'avance.

Salade de mâche à l'avocat et aux tomates

60 g de mâche
250 g de tomates poires jaunes coupées en deux
250 g de tomates cerises coupées en deux
1 petit oignon rouge (100 g) finement émincé
1 avocat moyen (250 g) coupé en gros morceaux
6 branches de persil plat frais grossièrement haché
1 c. à s. de basilic frais coupé en lanières
vinaigrette
60 ml d'huile d'olive
2 c. à s. de vinaigre balsamique
1 c. à c. de sucre roux
1 gousse d'ail pilée

1 Préparez la vinaigrette.
2 Mélangez la mâche, les tomates, l'oignon, l'avocat et les herbes dans un saladier. Versez la vinaigrette sur la salade et remuez.
vinaigrette mélangez les ingrédients dans un shaker pour sauce à salade, fermez puis secouez.

à table en 15 minutes
pour 4 personnes **par portion** 23,7 g de lipides (dont 4,1 g d'acides gras saturés) ; 249 cal ; 5,2 g de glucides ; 2,1 g de protéines ; 3,6 g de fibres

Salade amère

1 petite salade radicchio
100 g de chicorée frisée
1 belle chicorée
80 ml d'huile d'olive
2 c. à s. de vinaigre de vin rouge

1 Coupez le trognon des salades, séparez les feuilles, lavez-les soigneusement et essorez-les.
2 Mélangez l'huile d'olive et le vinaigre. Mélangez les salades dans un plat, versez la sauce et mélangez délicatement.

à table en 10 minutes
pour 8 personnes **par portion** 9,2 g de lipides (dont 1,3 g d'acides gras saturés) ; 88 cal ; 0,4 g de glucides ; 0,6 g de protéines ; 0,9 g de fibres

Salade grecque printanière

1 belle laitue romaine coupée en fines lanières
6 ciboules finement émincées
2 c. à s. d'aneth frais ciselé
sauce
80 ml d'huile d'olive
1 ½ c. à s. de vinaigre de vin rouge

1 Préparez la sauce.
2 Mettez la salade, les ciboules et l'aneth dans un saladier, ajoutez la sauce et mélangez délicatement.
sauce mettez tous les ingrédients dans un shaker pour sauce à salade, fermez puis secouez énergiquement.

à table en 10 minutes
pour 8 personnes **par portion** 9,4 g de lipides (dont 1,3 g d'acides gras saturés) ; 103 cal ; 2,1 g de glucides ; 1,5 g de protéines ; 2,3 g de fibres
note vous pouvez préparer cette salade plusieurs heures à l'avance et l'assaisonner juste avant de servir.

Taboulé

80 g de boulgour
3 belles bottes de persil plat frais grossièrement ciselé
3 tomates moyennes (450 g) coupées en petits morceaux
1 petit oignon rouge (100 g) finement haché
1 belle botte de menthe fraîche grossièrement ciselée
125 ml de jus de citron
60 ml d'huile d'olive

1 Recouvrez le boulgour d'eau bouillante dans un bol et laissez reposer 10 minutes environ pour qu'il ramollisse. Égouttez-le dans une passoire fine et pressez-le pour enlever le maximum d'eau.
2 Mélangez le jus de citron et l'huile d'olive. Mettez le boulgour, le persil, les tomates, l'oignon, la menthe et la sauce dans un saladier puis mélangez délicatement.

à table en 25 minutes
pour 4 personnes **par portion** 14,4 g de lipides (dont 2 g d'acides gras saturés) ; 237 cal ; 17 g de glucides ; 5,1 g de protéines ; 8,1 g de fibres

Salade de fèves et sauce aux anchois

1 kg de fèves surgelées, décongelées
1 botte de ciboulette ciselée
1 oignon rouge moyen (170 g) finement haché
sauce aux anchois
8 filets d'anchois égouttés
80 ml de jus de citron
80 ml d'huile d'olive
2 gousses d'ail coupées en quatre
2 c. à c. de câpres égouttées

1 Faites cuire les fèves à l'eau, à la vapeur ou au micro-ondes puis égouttez-les. Rincez-les sous l'eau froide pour arrêter la cuisson. Retirez les peaux blanches extérieures.
2 Préparez la sauce aux anchois.
3 Mettez les fèves dans un grand saladier avec la ciboulette et l'oignon et nappez le tout de sauce. Mélangez délicatement.
sauce aux anchois mixez tous les ingrédients dans un robot.

à table en 35 minutes
pour 6 personnes **par portion** 13 g de lipides (dont 1,8 g d'acides gras saturés) ; 253 cal ; 16 g de glucides ; 10,9 g de protéines ; 14,4 g de fibres
note si elles sont de saison, utilisez des fèves fraîches plutôt que des surgelées. Il vous en faudra 1,5 kg ; faites-les cuire jusqu'à ce qu'elles soient tendres.

Salade de roquette et noix de macadamia

750 g d'asperges parées et coupées en deux
200 g de petites feuilles de roquette
1 gros avocat (320 g) coupé en fines lamelles
75 g de noix de macadamia grillées et concassées
2 c. à s. de vinaigre de xérès
60 ml d'huile de noix de macadamia ou d'huile d'olive

1 Faites cuire les asperges au barbecue ou sous le gril du four, en plusieurs tournées, puis laissez-les refroidir.
2 Mélangez les asperges avec la roquette, l'avocat et les noix de macadamia.
3 Mélangez l'huile et le vinaigre et nappez la salade de cette sauce.

à table en 15 minutes
pour 8 personnes **par portion** 20,6 g de lipides (dont 3,3 g d'acides gras saturés) ; 210 cal ; 2 g de glucides ; 3,5 g de protéines ; 2,3 g de fibres

au wok

Riz au gingembre et légumes d'Asie

1 litre d'eau froide
400 g de riz au jasmin
4 feuilles de kaffir fraîches coupées en lanières
4 cm de gingembre frais (20 g) haché
2 piments rouges frais coupés en petits morceaux
1 c. à s. d'huile de sésame
1 gros oignon (200 g) émincé
200 g de haricots verts parés
300 g de jeunes pak choy coupés en quatre
100 g de pois gourmands parés
150 g de pleurotes coupés en deux
100 g de champignons enoki
80 ml de jus de citron vert
2 c. à s. de sauce de soja
1 petite botte de coriandre fraîche ciselée

1 Mettez dans l'eau le riz, les feuilles de kaffir, le gingembre et les piments. Couvrez et portez à ébullition puis laissez frémir 12 minutes, sans soulever le couvercle ni remuer le riz durant la cuisson. Quand toute l'eau est absorbée, retirez le faitout du feu et laissez reposer le riz 10 minutes, toujours couvert.
2 Pendant ce temps, faites chauffer la moitié de l'huile de sésame dans un wok et faites-y revenir l'oignon. Ajoutez ensuite les haricots, puis le pak choy, les pois gourmands et les champignons. Faites sauter tous ces légumes rapidement pour qu'ils restent croquants et verts. Versez enfin le jus de citron vert, la sauce de soja et le reste d'huile, incorporez la coriandre, mélangez bien et retirez les légumes du feu.
3 Servez les légumes aussitôt avec le riz au gingembre.

à table en 35 minutes
pour 4 personnes **par portion** 5,7 g de lipides (dont 0,8 g d'acides gras saturés) ; 452 cal ; 85,7 g de glucides ; 12,9 g de protéines ; 7 g de fibres

Sauté de choux-fleurs, choy sum et haricots verts

1 c. à s. d'huile d'arachide
2 gousses d'ail pilées
1 c. à c. de curcuma en poudre
1 c. à c. de mélange de racines et de tiges de coriandre hachées
4 ciboules émincées
500 g de bouquets de chou-fleur
60 ml d'eau
200 g de haricots verts coupés en tronçons de 5 cm
200 g de choy sum grossièrement haché
1 c. à s. de jus de citron vert
1 c. à s. de sauce de soja
1 c. à s. de coriandre fraîche hachée

1 Faites chauffer l'huile dans un wok. Faites revenir l'ail, le curcuma, les tiges et les racines de coriandre et les ciboules. Retirez ce mélange du wok et gardez-le au chaud.
2 Faites sauter les choux-fleurs avec l'eau dans le wok. Ensuite, ajoutez les haricots verts et le choy sum puis faites cuire jusqu'à ce que tous les légumes soient tendres.
3 Ajoutez le jus de citron vert, la sauce de soja, la coriandre hachée et le mélange aux ciboules. Faites sauter le temps de réchauffer l'ensemble.

à table en 30 minutes
pour 4 personnes **par portion** 5 g de lipides (dont 0,8 g d'acides gras saturés) ; 91 cal ; 4,3 g de glucides ; 5 g de protéines ; 4,2 g de fibres
note pour cette recette, achetez une botte de coriandre avec les racines. Lavez la coriandre sous l'eau froide, retirez toutes les saletés des racines. Hachez ensemble les tiges et les racines. Congelez l'excédent de ce mélange dans des petits paquets de 1 cuillerée à café pour une utilisation ultérieure.

Chap-chai aux légumes

1 c. à s. d'huile d'arachide
1 gousse d'ail pilée
4 cm de gingembre frais (20 g) finement râpé
300 g de bok choy paré
500 g de choy sum grossièrement haché
400 g de pousses de bok choy grossièrement hachées
450 g de chou chinois grossièrement haché
1 c. à s. de sauce de soja
60 ml de sauce hoisin
1 c. à s. de sauce aux prunes
2 c. à c. de sambal oelek
120 g de pousses de soja

1 Faites chauffer l'huile dans un wok et faites-y revenir l'ail et le gingembre jusqu'à ce qu'ils embaument.
2 Mélangez les sauces et le sambal oelek. Mettez le bok choy, le choy sum, les pousses de bok choy et le chou chinois dans le wok, ajoutez le mélange des sauces et faites sauter jusqu'à ce que les légumes soient tendres.
3 Ajoutez les pousses de soja et faites sauter jusqu'à ce qu'elles commencent à flétrir.

à table en 30 minutes
pour 4 personnes **par portion** 6,2 g de lipides (dont 1 g d'acides gras saturés) ; 157 cal ; 15,1 g de glucides ; 6,1 g de protéines ; 8,4 g de fibres

Brocolis chinois sautés

1 kg de brocolis chinois, parés et coupés grossièrement
1 c. à s. d'huile d'arachide
5 ciboules grossièrement coupées
2 gousses d'ail pilées
2 cm de gingembre frais (10 g) râpé
2 c. à s. de sauce de soja
2 c. à s. de sauce aux huîtres
1 c. à s. de nuoc-mâm
60 ml de kecap manis
2 c. à s. de graines de sésame

1 Faites cuire les brocolis chinois à l'eau ou à la vapeur puis égouttez-les.
2 Faites chauffer l'huile dans un wok et faites revenir les ciboules, l'ail et le gingembre jusqu'à ce que le mélange embaume. Ajoutez les brocolis chinois, la sauce de soja, la sauce aux huîtres et le nuoc-mâm. Remuez. Arrosez de kecap manis, saupoudrez de graines de sésame et servez aussitôt.

à table en 35 minutes
pour 4 personnes **par portion** 28,1 g de lipides (dont 5,3 g d'acides gras saturés) ; 399 cal ; 22 g de glucides ; 12,3 g de protéines ; 6,5 g de fibres

Potiron sauté au basilic et aux piments

80 ml d'huile d'arachide
1 gros oignon (200 g) finement émincé
2 gousses d'ail finement émincées
4 petits piments rouges thaïs finement émincés
1 kg de potiron coupé en gros morceaux
250 g de pois gourmands
1 c. à c. de sucre de palme râpé
60 ml de bouillon de légumes
2 c. à s. de sauce de soja
1 botte de basilic pourpre
4 ciboules émincées
75 g de cacahuètes grillées non salées

1 Faites chauffer l'huile dans le wok. Faites revenir l'oignon jusqu'à ce qu'il soit croustillant puis égouttez-le sur du papier absorbant.
2 Faites sauter l'ail et les piments dans le wok jusqu'à ce qu'ils libèrent leurs arômes. Ajoutez le potiron et faites-le sauter jusqu'à ce qu'il soit tendre. Ajoutez les pois gourmands, le sucre de palme, le bouillon de légumes et la sauce de soja. Faites cuire jusqu'à épaississement de la sauce.
3 Retirez du feu. Incorporez le basilic, les ciboules et les cacahuètes. Mélangez bien. Servez avec l'oignon frit.

à table en 25 minutes
pour 4 personnes **par portion** 28,1 g de lipides (dont 5,3 g d'acides gras saturés) ; 399 cal ; 22 g de glucides ; 12,3 g de protéines ; 6,5 g de fibres

Légumes verts asiatiques à la sauce aux huîtres

250 ml de bouillon de poule
80 ml de sauce aux huîtres
2 c. à c. d'huile de sésame
2 kg de mini bok choy parés
1 kg de choy sum paré

1 Versez le bouillon de poule, la sauce aux huîtres et l'huile de sésame dans un wok. Portez à ébullition.
2 Ajoutez le bok choy et faites cuire 3 minutes en remuant.
3 Ajoutez le choy sum et faites cuire 5 minutes à couvert jusqu'à ce que les deux légumes soient juste flétris.

à table en 15 minutes
pour 6 personnes **par portion** 2,8 g de lipides (dont 0,3 g d'acides gras saturés) ; 101 cal ; 8,7 g de glucides ; 6,4 g de protéines ; 6,5 g de fibres
note tous les légumes verts asiatiques conviennent pour cette recette. Cuisinez-les juste avant de servir.

Pois mange-tout sautés aux graines de sésame et aux pignons de pin

1 c. à s. d'huile de sésame
600 g de pois mange-tout parés
2 ciboules émincées
2 c. à s. de pignons de pin grillés
1 c. à s. de graines de sésame grillées

1 Faites chauffer l'huile de sésame dans un wok ou dans une grande poêle et faites revenir les pois mange-tout et les ciboules 5 minutes environ jusqu'à ce que les légumes soient juste tendres.
2 Ajoutez les pignons de pin et les graines de sésame. Mélangez rapidement sur le feu et servez aussitôt.

à table en 15 minutes
pour 4 personnes **par portion** 9,9 g de lipides (dont 1 g d'acides gras saturés) ; 142 cal ; 6,9 g de glucides ; 5,1 g de protéines ; 3,6 g de fibres

Tofu frit aux légumes verts

Nous avons utilisé du tofu frit tout prêt, en vente dans les grandes surfaces. Vous pouvez aussi le faire frire vous-même. Choisissez du tofu ferme, faites-le dorer dans de l'huile végétale très chaude, puis laissez égoutter sur du papier absorbant.

1 c. à s. d'huile d'arachide
1 gros oignon (200 g) coupé en tranches épaisses
2 gousses d'ail pilées
4 cm de gingembre frais (20 g) râpé
2 piments rouges hachés finement
200 g de haricots verts
250 g d'asperges
500 g de pousses de bok choy coupées en quatre
500 g de choy sum coupé grossièrement
1 c. à s. de nuoc-mâm
2 c. à s. de sauce aux piments doux
2 c. à s. de sucre roux
60 ml de jus de citron vert
300 g de tofu frit
½ botte de coriandre fraîche hachée grossièrement
½ botte de menthe fraîche hachée grossièrement

1 Faites chauffer l'huile dans un wok et faites revenir l'oignon, l'ail, le gingembre et les piments.
2 Ajoutez les haricots verts et les asperges, puis faites sauter les légumes jusqu'à ce qu'ils soient tendres.
3 Ajoutez le bok choy, le choy sum, le nuoc-mâm, la sauce aux piments doux, le sucre et le jus de citron vert. Laissez cuire jusqu'à ce que le bok choy soit juste flétri. Incorporez le tofu et les herbes puis servez très chaud.

à table en 30 minutes
pour 4 personnes **par portion** 10,8 g de lipides (dont 1,6 g d'acides gras saturés) ; 245 cal ; 17,3 g de glucides ; 15,5 g de protéines ; 8,5 g de fibres

Légumes sautés aux nouilles de riz

250 g de nouilles de riz sèches
1 c. à s. d'huile d'arachide
1 c. à c. d'huile de sésame
1 gros oignon (200 g) finement émincé
1 gousse d'ail pilée
60 ml de sauce de soja claire
80 ml de sauce aux piments doux
125 ml d'eau
2 cm de gingembre frais (10 g) finement râpé
1 c. à s. de xérès doux
2 c. à c. de fécule de maïs
2 c. à s. d'eau supplémentaire
1 poivron rouge moyen (200 g) coupé en gros morceaux
180 g de brocoli en bouquets
150 g de pois gourmands coupés en deux dans le sens de la longueur
425 g d'épis de maïs miniature en boîte, égouttés
et coupés en deux dans le sens de la longueur

1 Mettez les nouilles dans un saladier résistant à la chaleur, couvrez-les d'eau bouillante et laissez-les reposer jusqu'à ce qu'elles soient tendres. Égouttez-les.
2 Faites chauffer les deux huiles dans un wok. Faites revenir l'oignon et l'ail. Ajoutez la sauce de soja, la sauce aux piments doux, l'eau, le gingembre et le xérès puis portez à ébullition. Diluez la fécule de maïs dans l'eau supplémentaire et versez ce mélange dans le wok. Remuez jusqu'à épaississement de la sauce.
3 Ajoutez le poivron, les brocolis, les pois gourmands et le maïs. Poursuivez la cuisson jusqu'à ce que les légumes soient juste tendres.
4 Servez les nouilles avec les légumes.

à table en 25 minutes
pour 4 personnes **par portion** 7,4 g de lipides (dont 1,1 g d'acides gras saturés) ; 322 cal ; 47,9 g de glucides ; 10 g de protéines ; 8,5 g de fibres

Champignons et épinards d'eau sautés

8 champignons shiitake séchés
1 c. à s. d'huile d'arachide
2 gousses d'ail pilées
1 cm de gingembre frais (5 g) finement râpé
400 g de pleurotes coupés en deux
400 g de champignons de Paris coupés en quatre
425 g de champignons de paille en boîte, égouttés
900 g d'épinards d'eau coupés en lanières
5 ciboules finement émincées
1 c. à s. de sauce de soja claire
1 c. à s. de sauce au piment mi-forte
1 c. à s. de sauce aux huîtres
1 c. à s. de vinaigre de riz

1 Faites tremper les champignons séchés dans un bol d'eau bouillante 20 minutes puis égouttez-les. Coupez les tiges, jetez-les et coupez les chapeaux en lamelles.
2 Faites chauffer l'huile dans un wok et faites-y sauter l'ail, le gingembre et les champignons pendant 1 minute. Ajoutez les épinards d'eau, les ciboules, les sauces mélangées et le vinaigre puis faites sauter jusqu'à ce que les épinards d'eau flétrissent.

à table en 35 minutes
pour 6 personnes **par portion** 4,5 g de lipides (dont 0,7 g d'acides gras saturés) ; 130 cal ; 5,4 g de glucides ; 11,2 g de protéines ; 11 g de fibres

Légumes asiatiques sautés dans la sauce de haricots noirs

400 g de riz au jasmin
1 c. à s. d'huile d'arachide
150 g de pois gourmands parés
400 g de gai lan (brocoli chinois), grossièrement haché
200 g de haricots verts parés et coupés en tronçons de 5 cm
2 gousses d'ail finement émincées
1 petit piment rouge thaï finement haché
2 courgettes moyennes (240 g) coupées en rondelles fines
2 c. à s. de sauce de haricots noirs
1 c. à s. de kecap manis
1 c. à c. d'huile de sésame
50 g de noix de cajou non salées, grillées, grossièrement concassées

1 Faites cuire le riz dans une grande casserole d'eau bouillante, à découvert, puis égouttez-le.
2 Faites chauffer l'huile d'arachide dans un wok puis faites-y sauter les pois gourmands, les tiges de gai lan, les haricots, l'ail, le piment et les courgettes jusqu'à ce qu'ils soient tendres.
3 Ajoutez la sauce de haricots noirs, le kecap manis, l'huile de sésame, les feuilles de gai lan et les noix de cajou. Faites sauter jusqu'à ce que les feuilles de gai lan commencent à flétrir.
4 Servez les légumes sautés avec le riz au jasmin.

à table en 25 minutes
pour 4 personnes **par portion** 13,3 g de lipides (dont 2,6 g d'acides gras saturés) ; 544 cal ; 89,5 g de glucides ; 15,4 g de protéines ; 8,8 g de fibres

à la poêle

Courgettes et chorizo

1 chorizo cru (160 g)
4 courgettes moyennes (480 g) coupées en bâtonnets

1 Retirez la peau du chorizo et faites revenir la chair dans une grande poêle chaude, en remuant, pour qu'elle dore et s'émiette. Réservez-la et laissez la graisse dans la poêle.
2 Faites-y revenir les courgettes, en remuant, jusqu'à ce qu'elles soient tendres et dorées.
3 Remettez la chair de chorizo dans la poêle avec les courgettes et poursuivez la cuisson, en remuant, jusqu'à ce que le tout soit chaud.

à table en 20 minutes
pour 8 personnes **par portion** 6,2 g de lipides (dont 2,2 g d'acides gras saturés) ; 81 cal ; 1,5 g de glucides ; 4,6 g de protéines ; 1 g de fibres
note si vous ne trouvez pas de chorizo frais, vous pouvez le remplacer par des tranches de chorizo mi-séché ou du salami.

Farfalle aux courgettes, sauce à l'ail et au citron

375 g de farfalle
3 courgettes jaunes moyennes (360 g)
3 courgettes vertes moyennes (360 g)
30 g de beurre
1 c. à s. d'huile d'olive
2 gousses d'ail pilées
80 ml de bouillon de légumes
125 ml de crème fraîche
2 c. à c. de zeste de citron finement râpé
½ botte de ciboulette fraîche grossièrement ciselée

1 Faites cuire les pâtes dans une grande casserole d'eau bouillante, sans couvrir, jusqu'à ce qu'elles soient *al dente* puis égouttez-les.
2 Coupez les courgettes en deux dans le sens de la longueur puis détaillez chaque moitié en fines lamelles, en biais.
3 Faites chauffer le beurre et l'huile d'olive dans une grande poêle et faites-y revenir l'ail et les courgettes à feu vif, en remuant, jusqu'à ce que les courgettes soient tendres. Ajoutez le bouillon de légumes et portez à ébullition. Baissez le feu, incorporez la crème fraîche, le zeste de citron et la ciboulette et remuez jusqu'à ce que le tout soit chaud.
4 Ajoutez les pâtes à la préparation et remuez délicatement.

à table en 30 minutes
pour 4 personnes **par portion** 25,9 g de lipides (dont 13,9 g d'acides gras saturés) ; 576 cal ; 67,7 g de glucides ; 14,6 g de protéines ; 6,4 g de fibres

Champignons à l'ail

90 g de beurre
3 gousses d'ail pilées
750 g de champignons de Paris
1 c. à s. de jus de citron
2 c. à s. de persil plat frais grossièrement ciselé

1 Faites fondre le beurre dans une grande poêle et faites-y revenir l'ail, en remuant, pendant 1 minute environ, jusqu'à ce qu'il embaume.
2 Ajoutez les champignons et remuez pour les enrober de beurre à l'ail. Couvrez et laissez cuire à feu vif, en remuant de temps en temps, jusqu'à ce que les champignons soient presque tendres. Ôtez le couvercle, portez à ébullition et poursuivez la cuisson jusqu'à ce que le liquide réduise de moitié.
3 Ajoutez le jus de citron et le persil puis mélangez.

à table en 20 minutes
pour 8 personnes (en entrée) **par portion** 9,5 g de lipides (dont 6,1 g d'acides gras saturés) ; 111 cal ; 1,7 g de glucides ; 3,6 g de protéines ; 2,6 g de fibres

Curry de chou-fleur et de brocoli

1 c. à s. d'huile d'arachide
2 c. à s. de pâte de curry rouge
1 gros poivron (350 g) coupé en fines lamelles
1 c. à s. de miel
830 ml de crème de coco
250 ml d'eau
500 g de brocoli détaillé en bouquets
500 g de chou-fleur détaillé en bouquets
425 g d'épis de maïs miniature en boîte, égouttés
500 g de choy sum grossièrement haché

1 Faites chauffer l'huile dans une grande poêle à frire. Faites revenir la pâte de curry en remuant jusqu'à ce qu'elle embaume. Ajoutez le poivron et faites revenir en remuant jusqu'à ce qu'il soit tendre.
2 Incorporez le miel, la crème de coco et l'eau puis portez à ébullition. Ajoutez les brocolis et les choux-fleurs, réduisez le feu puis laissez cuire 2 minutes sans couvrir.
3 Ajoutez le maïs et le choy sum puis remuez jusqu'à ce que le choy sum soit tout juste flétri.

à table en 35 minutes
pour 4 personnes **par portion** 52,1 g de lipides (dont 38,9 g d'acides gras saturés) ; 644 cal ; 23,6 g de glucides ; 14,9 g de protéines ; 15,5 g de fibres

Couscous de légumes à la marocaine

2 c. à s. d'huile d'olive
2 gros oignons blancs (400 g) grossièrement émincés
2 gousses d'ail pilées
2 c. à c. de coriandre en poudre
1 c. à c. de cumin en poudre
1 c. à c. de paprika doux
2 bâtons de cannelle
1 pincée de safran en poudre
2 petits piments thaïs rouges frais finement hachés
2 petites aubergines (japonaises) (120 g) coupées en morceaux
80 g de potiron épluché et coupé en morceaux
400 g de tomates concassées en boîte
250 ml de bouillon de légumes
500 ml d'eau
300 g de pois chiches en boîte, rincés et égouttés
2 grosses courgettes (300 g) coupées en morceaux
1 petite botte de coriandre fraîche (les feuilles uniquement)
1 c. à s. de jus de citron
couscous
250 ml de bouillon de légumes
250 ml d'eau
60 g de beurre
300 g de semoule

1 Dans une grande sauteuse, faites revenir les oignons et l'ail dans l'huile d'olive. Ajoutez les épices, les piments et les aubergines et poursuivez la cuisson, en remuant.
2 Ajoutez le potiron, les tomates avec leur jus, le bouillon, l'eau et les pois chiches. Portez à ébullition et laissez frémir 10 minutes à couvert. Ajoutez les courgettes et poursuivez la cuisson 5 minutes, à couvert.
3 Préparez le couscous.
4 Incorporez la coriandre et le jus de citron aux légumes et servez.
couscous mettez le bouillon de légumes, l'eau et le beurre dans une grande casserole et portez à ébullition. Ajoutez la semoule, hors du feu, et laissez reposer 3 minutes. Séparez les grains avec une fourchette.

à table en 35 minutes
pour 4 personnes **par portion** 24 g de lipides (dont 9,9 g d'acides gras saturés) ; 612 cal ; 76,9 g de glucides ; 18,1 g de protéines ; 7,9 g de fibres

Blettes colorées, pignons, ail et raisins

750 g de blettes à cardes rouges et jaunes
2 c. à s. d'huile d'olive
1 oignon moyen (150 g) haché
2 gousses d'ail pilées
85 g de raisins secs
50 g de pignons de pin grillés
1 c. à s. de jus de citron

1 Séparez les côtes des feuilles de blettes et coupez-les en morceaux.
2 Faites chauffer la moitié de l'huile d'olive dans une sauteuse et faites-y revenir l'oignon et l'ail, en remuant, jusqu'à ce qu'ils soient tendres. Ajoutez les côtes de blettes et faites-les cuire, en remuant, jusqu'à ce qu'elles soient tendres. Ajoutez les feuilles et faites cuire, en remuant, jusqu'à ce qu'elles flétrissent.
3 Hors du feu, ajoutez les raisins secs et la moitié des pignons puis mélangez. Nappez avec le reste d'huile et le jus de citron puis garnissez du reste de pignons.

à table en 20 minutes
pour 4 personnes **par portion** 18,5 g de lipides (dont 1,9 g d'acides gras saturés) ; 278 cal ; 19,9 g de glucides ; 5,6 g de protéines ; 7,5 g de fibres

Petits oignons glacés au vinaigre balsamique

1 c. à s. de vinaigre balsamique
1 c. à s. de moutarde à l'ancienne
90 g de miel
2 c. à s. d'huile végétale
500 g de petits oignons grelots coupés en deux

1 Mélangez le vinaigre, la moutarde et le miel dans une petite casserole et portez ce mélange à ébullition. Baissez le feu et laissez frémir 5 minutes, à découvert, pour que la préparation épaississe.
2 Faites chauffer l'huile dans une grande poêle et faites-y revenir les oignons en les arrosant sans cesse de glaçage. Remuez jusqu'à ce qu'ils prennent une belle couleur.

à table en 25 minutes
pour 8 personnes **par portion** 4,7 g de lipides (dont 0,6 g d'acides gras saturés) ; 89 cal ; 11 g de glucides ; 0,9 g de protéines ; 0,6 g de fibres

Épinards à la menthe

1 c. à s. d'huile végétale
1 gros oignon (200 g) finement émincé
1 c. à c. de grains de moutarde jaune
¼ de c. à c. de noix de muscade en poudre
750 g d'épinards parés et hachés
1 ½ c. à s. de jus de citron
6 brins de menthe fraîche grossièrement ciselée

1 Faites chauffer l'huile dans une grande sauteuse et faites-y revenir l'oignon, en remuant, jusqu'à ce qu'il soit tendre.
2 Ajoutez les grains de moutarde, la muscade et les épinards et faites cuire jusqu'à ce que les épinards flétrissent.
3 Ajoutez le jus de citron et la menthe, mélangez et servez aussitôt.

à table en 10 minutes
pour 8 personnes **par portion** 2,6 g de lipides (dont 0,3 g d'acides gras saturés) ; 49 cal ; 2,1 g de glucides ; 2,7 g de protéines ; 3 g de fibres

Chiffonnade de lasagnes au potiron et à la sauge

500 g de feuilles de lasagnes
60 ml d'huile d'olive
50 g de beurre
1 kg de potiron coupé en fines lamelles
2 gousses d'ail coupées en fines lamelles
1 c. à c. de feuilles de thym frais
40 g de parmesan râpé
2 c. à c. de petites feuilles de sauge fraîche

1 Cassez les feuilles de lasagnes en gros morceaux et faites-les cuire dans une grande casserole d'eau bouillante, sans couvrir, jusqu'à ce qu'elles soient *al dente*. Égouttez-les et réservez 2 cuillerées à soupe de l'eau de cuisson.
2 Faites chauffer l'huile d'olive et le beurre dans une grande poêle et faites-y cuire le potiron, en remuant délicatement, jusqu'à ce qu'il soit juste tendre. Ajoutez l'ail et le thym et poursuivez la cuisson, en remuant, jusqu'à ce que les arômes se libèrent.
3 Ajoutez le parmesan et la sauge. Incorporez les pâtes et l'eau de cuisson réservée en remuant délicatement. Vous pouvez ajouter quelques copeaux de parmesan si vous le souhaitez.

à table en 30 minutes
pour 4 personnes **par portion** 29,4 g de lipides (dont 11,6 g d'acides gras saturés) ; 763 cal ; 101,2 g de glucides ; 22,3 g de protéines ; 6,8 g de fibres

Pommes de terre sautées

1 kg de pommes de terre non épluchées
2 c. à s. d'huile d'olive
50 g de beurre coupé en cubes

1 Coupez les pommes de terre en tranches de 1 cm d'épaisseur.
2 Faites chauffer l'huile d'olive et le beurre dans une grande poêle. Faites cuire les pommes de terre à couvert, sur feu moyen, en remuant de temps en temps jusqu'à ce qu'elles soient dorées. Réduisez le feu et faites cuire 10 minutes, en remuant la poêle de temps en temps pour retourner les tranches de pommes de terre.

à table en 25 minutes
pour 4 personnes **par portion** 19,6 g de lipides (dont 8 g d'acides gras saturés) ; 344 cal ; 33,1 g de glucides ; 6,1 g de protéines ; 5 g de fibres

Curry de pois chiches et courge musquée

Dans la cuisine indienne, *masala* traduit par « pâte » et « tikka », désigne un morceau de viande, volaille, poisson ou légume de la taille d'une bouchée. La pâte tikka masala toute prête est un mélange d'épices et d'huile moyennement piquant.

2 c. à c. d'huile d'arachide
2 oignons moyens (300 g) finement émincés
2 gousses d'ail pilées
2 c. à s. de pâte tikka masala
500 ml de bouillon de légumes
250 ml d'eau
1 kg de courge musquée coupée en morceaux
400 g de riz au jasmin
300 g de pois chiches en boîte, rincés et égouttés
125 g de petits pois surgelés
60 ml de crème fraîche
2 c. à s. de coriandre fraîche grossièrement ciselée

1 Faites chauffer l'huile dans une grande sauteuse et faites-y revenir les oignons et l'ail, en remuant, jusqu'à ce que l'oignon soit tendre. Ajoutez la pâte tikka masala et poursuivez la cuisson jusqu'à ce que les arômes se libèrent. Ajoutez le bouillon de légumes et l'eau et portez à ébullition. Ajoutez la courge et laissez frémir à feu doux 15 minutes à couvert.
2 Faites cuire le riz dans une grande casserole d'eau bouillante, sans couvrir, puis égouttez-le. Gardez-le à couvert pour qu'il reste chaud.
3 Ajoutez les pois chiches et les petits pois à la préparation au curry et poursuivez la cuisson en remuant jusqu'à ce que le tout soit bien chaud. Incorporez la crème fraîche et la coriandre. Servez ce curry avec le riz au jasmin.

à table en 35 minutes
pour 4 personnes **par portion** 15,4 g de lipides (dont 6,2 g d'acides gras saturés) ; 666 cal ; 107,2 g de glucides ; 19,3 g de protéines ; 9,8 g de fibres
note ce plat est encore meilleur préparé la veille, ce qui laisse le temps aux arômes de se déployer pleinement.

Omelettes aux champignons et au persil

4 œufs entiers
6 blancs d'œufs
500 g de champignons creminis coupés en fines lamelles
½ botte de persil plat grossièrement ciselé

1 Battez les œufs et les blancs d'œufs dans un saladier.
2 Faites cuire les champignons dans une poêle chaude pendant 20 minutes, en remuant. Mettez-les dans un saladier avec le persil et mélangez.
3 Versez un quart des œufs battus dans la même poêle, faites-la tourner pour former un cercle et laissez cuire l'omelette à feu moyen jusqu'à ce qu'elle soit prise. Posez un quart des champignons sur une moitié de l'omelette, repliez l'autre moitié dessus et transférez-la dans une assiette. Répétez avec le reste des œufs et des champignons pour faire 4 omelettes.

à table en 20 minutes
pour 4 personnes **par portion** 5,6 g de lipides (dont 1,6 g d'acides gras saturés) ; 133 cal ; 2,2 g de glucides ; 16,6 g de protéines ; 3,4 g de fibres

Pommes de terre nouvelles aux graines de moutarde

1 kg de petites pommes de terre nouvelles
2 c. à s. d'huile d'olive
1 c. à s. de graines de moutarde noire
2 c. à c. de fleur de sel
1 c. à c. de poivre noir du moulin
1 c. à s. de persil plat grossièrement haché

1 Faites cuire les pommes de terre à l'eau ou à la vapeur puis égouttez-les.
2 Faites chauffer l'huile d'olive dans une poêle et faites légèrement dorer les pommes de terre. Ajoutez les graines de moutarde et prolongez la cuisson pendant 1 minute jusqu'à ce qu'elles éclatent.
3 Ajoutez le sel, le poivre et le persil. Remuez délicatement et servez aussitôt.

à table en 30 minutes
pour 4 personnes **par portion** 9,4 g de lipides (dont 1,3 g d'acides gras saturés) ; 253 cal ; 33 g de glucides ; 6 g de protéines ; 5,1 g de fibres

Petits pois frais au parmesan et graines de carvi

Pour cette recette, il vous faudra environ 1,3 kg de petits pois frais non écossés.

60 g de beurre
1 c. à c. de graines de carvi
2 c. à c. de zeste de citron finement râpé
1 petit oignon rouge (100 g) finement émincé
600 g de petits pois frais écossés
½ botte de persil plat frais grossièrement ciselé
40 g de parmesan finement râpé

1 Faites fondre le beurre dans une grande poêle et faites-y revenir les graines de carvi, le zeste de citron et l'oignon, en remuant, jusqu'à ce que l'oignon soit tendre.
2 Ajoutez les petits pois et faites cuire, en remuant, jusqu'à ce qu'ils soient juste tendres. Ajoutez le persil et remuez. Servez garni de parmesan râpé.

à table en 35 minutes
pour 8 personnes **par portion** 8,1 g de lipides (dont 5,1 g d'acides gras saturés) ; 143 cal ; 8,5 g de glucides ; 6,8 g de protéines ; 4,8 g de fibres

Haricots verts et fenouil, sauce aux anchois

60 ml d'huile d'olive
3 petits bulbes de fenouil (200 g) parés et coupés en quatre
125 ml de bouillon de poule
300 g de haricots verts fins parés
6 ciboules coupées en tronçons de 8 cm
1 c. à c. de zeste de citron finement râpé
6 filets d'anchois égouttés finement hachés
1 gousse d'ail pilée
1 c. à c. de moutarde de Dijon
2 c. à s. de persil plat frais finement ciselé

1 Faites chauffer 2 cuillerées à café d'huile d'olive dans une poêle moyenne et faites-y revenir le fenouil, en remuant, pendant 2 minutes. Versez le bouillon de poule et laissez frémir 5 minutes, à couvert, jusqu'à ce que le fenouil soit presque tendre. Ajoutez les haricots et laissez-les cuire à couvert.
2 Ajoutez les ciboules, le zeste de citron, les anchois, l'ail, la moutarde et le persil puis faites sauter jusqu'à ce que le tout soit bien chaud.

à table en 20 minutes
pour 4 personnes **par portion** 14,3 g de lipides (dont 2,1 g d'acides gras saturés) ; 166 cal ; 3,8 g de glucides ; 4,2 g de protéines ; 3,5 g de fibres

Petites courgettes et tout petits croûtons

2 c. à s. d'huile d'olive
40 g de beurre
2 tranches épaisses (50 g) de ciabatta, sans la croûte, coupées en petits morceaux
2 gousses d'ail pilées
1 c. à s. de pignons de pin grillés et concassés
1 c. à c. de zeste de citron finement râpé
2 c. à s. de persil plat frais finement ciselé
1 c. à s. de raisins de Corinthe
24 petites courgettes-fleurs (700 g)

1 Faites chauffer la moitié de l'huile d'olive et la moitié du beurre dans une poêle et faites-y revenir les morceaux de pain, en remuant, jusqu'à ce qu'ils soient légèrement dorés. Ajoutez l'ail et poursuivez la cuisson, en remuant, jusqu'à ce que les arômes se libèrent. Ajoutez les pignons, le zeste de citron, le persil et les raisins secs.
2 Faites chauffer le reste de l'huile et du beurre dans une autre poêle et faites cuire les courgettes, en couvrant à moitié la poêle, jusqu'à ce qu'elles soient légèrement dorées et juste tendres.
3 Servez les courgettes garnies des petits croûtons croustillants.

à table en 30 minutes
pour 8 personnes **par portion** 10,4 g de lipides (dont 3,4 g d'acides gras saturés) ; 125 cal ; 5,4 g de glucides ; 2 g de protéines ; 2 g de fibres
note vous pouvez préparer les croûtons plusieurs heures à l'avance, mais les courgettes doivent être cuites au dernier moment. Si vous ne trouvez pas de courgettes-fleurs, vous pouvez les remplacer par des petites courgettes coupées en quatre dans le sens de la longueur.

Gratin de légumes méditerranéens

80 g de beurre
1 poivron rouge moyen (200 g) coupé en fines lamelles
1 poivron jaune moyen (200 g) coupé en fines lamelles
1 oignon rouge moyen (170 g) coupé en quartiers
5 petites aubergines (330 g) coupées en morceaux
5 petites courgettes (380 g) coupées en morceaux
150 g de champignons de Paris coupés en deux
6 branches de basilic frais (les feuilles uniquement)
20 g de parmesan finement râpé
30 g de gruyère grossièrement râpé

1 Faites chauffer la moitié du beurre dans une grande poêle et faites-y cuire la moitié des légumes, en remuant, jusqu'à ce qu'ils soient juste tendres, puis mettez-les dans un plat allant au four.
2 Procédez de la même manière avec le reste du beurre et des légumes.
3 Mélangez les deux fromages râpés. Parsemez les légumes de basilic et de fromage puis mettez le plat sous le gril du four pour faire fondre le fromage.

à table en 35 minutes
pour 4 personnes **par portion** 19 g de lipides (dont 7,1 g d'acides gras saturés) ; 256 cal ; 9,4 g de glucides ; 9,3 g de protéines ; 6,1 g de fibres

Carottes caramélisées

1 c. à s. d'huile d'olive
30 g de beurre
6 carottes moyennes (720 g) coupées en rondelles épaisses
2 c. à s. de sucre cristal
1 c. à s. de persil plat frais finement ciselé
1 c. à s. de vinaigre balsamique

1 Faites chauffer l'huile d'olive dans une grande poêle et faites-y cuire les carottes à feu doux, à couvert, jusqu'à ce qu'elles soient juste tendres.
2 Ajoutez le sucre et prolongez la cuisson de 10 minutes, sans cesser de remuer, pour qu'elles caramélisent. Ajoutez le persil et le vinaigre puis remuez.

à table en 30 minutes
pour 8 personnes **par portion** 5,4 g de lipides (dont 2,3 g d'acides gras saturés) ; 88 cal ; 8,4 g de glucides ; 0,7 g de protéines ; 2,3 g de fibres
note vous pouvez préparer cette recette plusieurs heures à l'avance et réchauffer les carottes juste avant de passer à table.

Curry de chou-fleur, petits pois et tofu frit

2 c. à s. d'huile d'olive
1 oignon moyen (150 g) grossièrement haché
2 gousses d'ail pilées
900 g de bouquets de chou-fleur
1 c. à c. de cumin en poudre
½ c. à c. de coriandre en poudre
½ c. à c. de curcuma en poudre
¼ de c. à c. de piment de Cayenne
1 c. à c. de garam masala
400 g de tomates concassées en boîte
250 ml de bouillon de légumes
60 ml d'huile végétale
400 g de tofu ferme coupé en dés de 1 cm
120 g de petits pois surgelés, décongelés

1 Faites chauffer l'huile d'olive dans une grande sauteuse et faites-y revenir l'oignon et l'ail, en remuant, jusqu'à ce que l'oignon soit tendre.
2 Ajoutez le chou-fleur et les épices et faites cuire 2 minutes, en remuant. Ajoutez les tomates avec leur jus et le bouillon de légumes, mélangez et portez à ébullition. Baissez le feu, laissez frémir à couvert pendant 10 minutes environ.
3 Pendant ce temps, faites chauffer l'huile végétale dans une poêle moyenne, faites-y cuire le tofu, en plusieurs tournées, pour qu'il soit légèrement doré et croustillant des deux côtés. Égouttez-le sur du papier absorbant.
4 Ajoutez le tofu et les petits pois dans la sauteuse, mélangez et servez aussitôt.

à table en 35 minutes
pour 4 personnes **par portion** 30,8 g de lipides (dont 4,2 g d'acides gras saturés) ; 430 cal ; 13,6 g de glucides ; 20,7 g de protéines ; 9,5 g de fibres
note il est préférable de préparer cette recette au dernier moment pour que le tofu reste bien croustillant.

Radicchio et fenouil sauté

60 ml d'huile d'olive
1 gousse d'ail pilée
1 kg de petits bulbes de fenouil coupés en fines lamelles
1 radicchio (420 g) coupé en fines lanières

1 Faites chauffer l'huile d'olive dans une poêle et faites-y revenir l'ail et le fenouil, en remuant, jusqu'à ce qu'il soit juste tendre.
2 Ajoutez le radicchio et faites-le cuire jusqu'à ce qu'il flétrisse un peu.

à table en 15 minutes
pour 6 personnes **par portion** 9,4 g de lipides (dont 1,3 g d'acides gras saturés) ; 115 cal ; 3,8 g de glucides ; 1,9 g de protéines ; 4,2 g de fibres

Tortilla espagnole

1 c. à s. d'huile d'olive
1 gros oignon (200 g) finement émincé
750 g de pommes de terre nouvelles cuites
6 œufs légèrement battus
100 g de feta émietté
25 g de parmesan finement râpé
40 g de gruyère finement râpé

1 Faites chauffer l'huile d'olive dans une poêle moyenne. Faites revenir l'oignon en remuant.
2 Mélangez l'oignon, les pommes de terre, les œufs et les fromages dans un grand saladier.
3 Versez ce mélange dans la poêle huilée. Faites cuire 10 minutes à couvert jusqu'à ce que les œufs soient pris.
4 Retournez la tortilla et laissez-la cuire 5 minutes de plus sur l'autre face.
5 Retirez la poêle du feu. Laissez reposer la tortilla 10 minutes dans la poêle puis servez.

à table en 35 minutes
pour 4 personnes **par portion** 23,9 g de lipides (dont 10,3 g d'acides gras saturés) ; 399 cal ; 21,5 g de glucides ; 23,4 g de protéines ; 3,2 g de fibres
note la tortilla se mange chaude ou froide.

à l'eau + à la vapeur

Purée au parmesan

1 kg de pommes de terre épluchées, coupées en morceaux de 3 cm
40 g de beurre ramolli
80 g de parmesan râpé
180 ml de lait chaud (environ)

1 Mettez les pommes de terre dans une casserole moyenne et couvrez-les d'eau. Portez à ébullition et faites-les cuire pendant 15 minutes environ, sans couvrir, puis égouttez-les.
2 Écrasez les pommes de terre dans une passoire très fine avec le dos d'une cuillère en bois, au-dessus d'un grand bol. Ajoutez le beurre, le parmesan et le lait, petit à petit, pour obtenir une purée onctueuse.
3 Vous pouvez servir la purée agrémentée d'une noisette de beurre.

à table en 30 minutes
pour 4 personnes **par portion** 16,7 g de lipides (dont 10,7 g d'acides gras saturés) ; 345 cal ; 32 g de glucides ; 14,6 g de protéines ; 3,6 g de fibres

Asperges et haricots verts au beurre d'ail et au persil

100 g de beurre ramolli
2 gousses d'ail pilées
1 c. à s. de persil plat frais finement ciselé
500 g d'asperges parées
500 g de haricots verts fins

1 Mélangez le beurre, l'ail et le persil dans un petit bol.
2 Faites cuire les asperges et les haricots verts, séparément, à l'eau, à la vapeur ou au micro-ondes, puis égouttez-les.
3 Mettez les asperges et les haricots dans une casserole, incorporez le beurre à l'ail et au persil puis mélangez jusqu'à ce qu'il soit fondu.

à table en 15 minutes
pour 8 personnes **par portion** 10,4 g de lipides (dont 6,8 g d'acides gras saturés) ; 117 cal ; 2,3 g de glucides ; 2,6 g de protéines ; 2,5 g de fibres

Bok choy vapeur à l'huile pimentée

4 petits bok choy (600 g)
1 c. à s. d'huile d'arachide
2 gousses d'ail pilées
2 c. à s. de sauce de soja claire
1 ½ c. à c. de sauce pimentée forte
2 ciboules finement émincées
6 branches de coriandre fraîche (les feuilles uniquement)
1 petit piment thaï rouge frais coupé en fines lamelles

1 Coupez les bok choy en deux dans le sens de la longueur. Mettez-les, côté coupé vers le haut, dans un panier en bambou. Mélangez l'huile, l'ail, la sauce de soja et la sauce pimentée, puis nappez les bok choy de ce mélange.
2 Faites-les cuire, paniers fermés, au-dessus d'un wok ou d'une grande casserole d'eau frémissante 5 minutes environ jusqu'à ce qu'ils soient juste tendres.
3 Servez les bok choy garnis de ciboule, de coriandre et de piment.

à table en 10 minutes
pour 4 personnes **par portion** 5,1 g de lipides (dont 0,9 g d'acides gras saturés) ; 76 cal ; 3,7 g de glucides ; 2,5 g de protéines ; 2,7 g de fibres

Pommes de terre à la lyonnaise

900 g de pommes de terre épluchées et coupées en gros morceaux
1 c. à s. d'huile d'olive
2 gros oignons rouges (340 g) finement émincés
3 gousses d'ail pilées
6 tranches de bacon (420 g) grossièrement hachées
½ botte de menthe fraîche hachée

1 Faites cuire les pommes de terre à l'eau, à la vapeur ou au micro-ondes puis égouttez-les.
2 Faites chauffer la moitié de l'huile d'olive dans une grande poêle. Faites revenir les oignons et l'ail en remuant. Retirez ce mélange de la poêle.
3 Faites revenir le bacon dans la même poêle, en remuant, jusqu'à ce qu'il soit croustillant. Égouttez-le sur du papier absorbant.
4 Faites chauffer l'huile restante dans la même poêle et faites-y dorer les pommes de terre 5 minutes.
5 Remettez les oignons et le bacon dans la poêle. Mélangez délicatement. Retirez la poêle du feu puis incorporez la menthe.

à table en 30 minutes
pour 4 personnes **par portion** 8 g de lipides (dont 1,8 g d'acides gras saturés) ; 285 cal ; 31,9 g de glucides ; 18,1 g de protéines ; 5 g de fibres

Poireaux, courgettes et asperges au beurre à la ciboulette

1 litre de bouillon de légumes
4 petits poireaux (400 g) coupés en deux dans le sens de la longueur
8 petites courgettes (360 g) coupées en deux dans le sens de la longueur
250 g d'asperges parées
50 g de beurre
1 gousse d'ail pilée
6 brins de ciboulette fraîche finement ciselée

1 Versez le bouillon de légumes dans une grande casserole et portez à ébullition. Ajoutez les poireaux et les courgettes. Baissez le feu et laissez frémir doucement, sans couvrir, pendant 3 minutes.
2 Ajoutez les asperges et laissez frémir 3 minutes de plus, sans couvrir, en remuant de temps en temps. Égouttez.
3 Faites fondre le beurre dans la même casserole et ajoutez l'ail et la ciboulette. Remettez les légumes dans la casserole et mélangez bien pour les enrober de beurre aromatisé.

à table en 20 minutes
pour 6 personnes **par portion** 7,9 g de lipides (dont 4,8 g d'acides gras saturés) ; 109 cal ; 4,3 g de glucides ; 4,2 g de protéines ; 2,7 g de fibres

Petites betteraves, vinaigrette aux câpres

1 kg de petites betteraves
1 c. à s. de petites câpres, rincées et égouttées
2 c. à s. de vinaigre de vin blanc
2 c. à s. d'huile d'olive
1 c. à c. de moutarde de Dijon

1 Coupez et jetez la tige des betteraves et faites-les cuire 20 minutes dans une grande casserole d'eau bouillante, sans couvrir. Égouttez-les et laissez-les refroidir 10 minutes puis pelez-les.
2 Mettez les betteraves dans un saladier avec le reste des ingrédients et mélangez délicatement.

à table en 35 minutes
pour 8 personnes **par portion** 4,7 g de lipides (dont 0,6 g d'acides gras saturés) ; 94 cal ; 9,4 g de glucides ; 2,1 g de protéines ; 3,5 g de fibres

Haricots et brocolinis à l'ail et aux anchois

350 g de brocolinis parés
350 g de haricots verts fins parés
2 c. à s. d'huile d'olive
2 gousses d'ail finement hachées
6 anchois égouttés finement hachés

1 Faites cuire les brocolinis et les haricots verts, séparément, à l'eau, à la vapeur ou au micro-ondes puis égouttez-les.
2 Faites chauffer l'huile d'olive dans une grande poêle et faites-y revenir l'ail et les anchois.
3 Ajoutez les haricots verts et les brocolinis puis mélangez délicatement.

à table en 20 minutes
pour 8 personnes **par portion** 4,9 g de lipides (dont 0,7 g d'acides gras saturés) ; 67 cal ; 1,3 g de glucides ; 3,2 g de protéines ; 2,5 g de fibres

Mélange de pois, sauce à la menthe

Pour cette recette, il vous faudra environ 400 g de petits pois frais dans leur cosse.

150 g de petits pois frais écossés
250 g de pois gourmands parés
250 g de pois mange-tout parés
50 g de pousses de pois mange-tout
100 g de feta émiettée
2 c. à s. de pignons de pin grillés
6 branches de menthe fraîche (les feuilles uniquement)
sauce à la menthe
1 c. à c. de zeste de citron finement râpé
2 c. à s. de jus de citron
60 ml d'huile d'olive
2 c. à s. de menthe fraîche grossièrement ciselée
1 c. à c. de sucre en poudre

1 Portez à ébullition une grande casserole d'eau et jetez-y les petits pois écossés. Laissez bouillir 1 minute sans couvrir puis ajoutez les pois gourmands. Laissez bouillir 1 minute de plus puis ajoutez les pois mange-tout. Laissez bouillir 20 secondes pour que les pois mange-tout changent de couleur. Égouttez.
2 Mettez tous les pois dans un récipient rempli d'eau glacée pour qu'ils refroidissent puis égouttez-les.
3 Mélangez délicatement les pois et les pousses de pois mange-tout dans un saladier et garnissez de feta, de pignons et de feuilles de menthe.
4 Préparez la sauce à la menthe et nappez-en la salade juste avant de la servir.
sauce à la menthe mettez tous les ingrédients dans un shaker pour sauce à salade, fermez puis secouez énergiquement.

à table en 30 minutes
pour 6 personnes **par portion** 16,7 g de lipides (dont 4,1 g d'acides gras saturés) ; 224 cal ; 9 g de glucides ; 8,1 g de protéines ; 4 g de fibres

Betteraves rouges, sauce à l'ail

1 kg de betteraves rouges moyennes, parées
sel de mer
sauce à l'ail
1 pomme de terre moyenne (200 g) coupée en rondelles épaisses
4 gousses d'ail grossièrement hachées
2 c. à s. d'eau froide
1 ½ c. à s. de jus de citron
80 ml d'huile d'olive

1 Faites cuire les betteraves non épluchées à l'eau, à la vapeur ou au micro-ondes puis égouttez-les. Pelez-les tant qu'elles sont chaudes, coupez-les en quartiers et parsemez-les de sel.
2 Préparez la sauce à l'ail et servez les betteraves accompagnées de cette sauce.
sauce à l'ail faites cuire la pomme de terre à l'eau, à la vapeur ou au micro-ondes puis égouttez-la et écrasez-la pour obtenir une purée onctueuse. Mixez ou passez au robot l'ail, l'eau et le jus de citron jusqu'à obtention d'une pâte homogène. Ajoutez l'huile d'olive en fin filet, en continuant de mixer jusqu'à ce que la sauce épaississe. Ajoutez ensuite la pomme de terre en mélangeant à la main (ne la passez ni au mixeur ni au robot).

à table en 35 minutes
pour 8 personnes **par portion** 9,3 g de lipides (dont 1,3 g d'acides gras saturés) ; 151 cal ; 12,5 g de glucides ; 2,7 g de protéines ; 4 g de fibres

Épinards vapeur

800 g de petites feuilles d'épinards
60 ml d'huile d'olive
2 c. à s. de jus de citron

1 Faites cuire les épinards à la vapeur ou au micro-ondes jusqu'à ce qu'ils commencent à flétrir puis égouttez-les soigneusement.
2 Disposez-les dans un plat et arrosez-les du mélange d'huile et de citron.

à table en 10 minutes
pour 8 personnes **par portion** 7,1 g de lipides (dont 1 g d'acides gras saturés) ; 82 cal ; 0,7 g de glucides ; 2,4 g de protéines ; 2,7 g de fibres

Brocolinis à la polonaise

La garniture « à la polonaise » est composée d'œufs durs hachés très finement, de chapelure dorée au beurre et de persil ciselé.

60 g de beurre
70 g de chapelure
4 œufs durs finement hachés
6 branches de persil plat frais finement ciselé
750 g de brocolinis
60 g de beurre fondu

1 Faites fondre le beurre dans une grande poêle et faites-y revenir la chapelure, en remuant, jusqu'à ce qu'elle soit dorée et croustillante.
2 Mélangez la chapelure avec les œufs et le persil.
3 Faites cuire les brocolinis à l'eau, à la vapeur ou au micro-ondes pour qu'ils soient juste tendres puis égouttez-les.
4 Parsemez les brocolinis de garniture et nappez-les de beurre fondu.

à table en 20 minutes
pour 8 personnes **par portion** 15,7 g de lipides (dont 9 g d'acides gras saturés) ; 211 cal ; 6,5 g de glucides ; 9,2 g de protéines ; 4,3 g de fibres

Pommes de terre façon raclette

4 pommes de terre (680 g) non épluchées
125 g de fromage pour raclette râpé
20 g de beurre
1 c. à s. de persil haché
90 g de petits cornichons en saumure, égouttés
100 g de petits oignons en saumure, égouttés

1 Faites cuire les pommes de terre à l'eau, à la vapeur ou au micro-ondes. Égouttez-les.
2 Entaillez chaque pomme de terre en croix et retirez la peau délicatement. Répartissez le fromage puis le beurre sur les pommes de terre.
3 Mettez les pommes de terre sous le gril préchauffé pour faire fondre le fromage. Décorez de persil. Servez avec les cornichons et les oignons.

à table en 30 minutes
pour 4 personnes **par portion** 5,4 g de lipides (dont 3,4 g d'acides gras saturés) ; 117 cal ; 11,3 g de glucides ; 4,8 g de protéines ; 1,6 g de fibres

Salade de légumes aux piments doux et au citron vert

200 g d'asperges vertes parées et coupées en tronçons
100 g de jeunes épis de maïs frais, coupés dans le sens de la longueur
1 poivron rouge moyen (200 g) coupé en tranches fines
100 g de champignons shiitake émincés
1 petit concombre (130 g) épépiné et coupé en tranches fines
12 ciboules émincées
100 g de germes de soja
1 petit piment rouge émincé
2 c. à s. de coriandre fraîche finement hachée
sauce
2 c. à s. de jus de citron vert
1 c. à s. de sauce aux piments doux
2 c. à c. d'huile de sésame
2 c. à c. de nuoc-mâm
1 gousse d'ail pilée

1 Faites cuire les asperges et le maïs séparément, à l'eau ou à la vapeur. Égouttez-les et laissez-les refroidir.
2 Mélangez les asperges, le maïs, le poivron, les champignons, le concombre, les ciboules, les germes de soja, le piment et la coriandre dans un saladier.
3 Préparez la sauce et versez-la sur la salade. Remuez délicatement.
sauce mettez les ingrédients dans un shaker pour sauce à salade, fermez puis secouez.

à table en 25 minutes
pour 4 personnes **par portion** 3,1 g de lipides (dont 0,4 g d'acides gras saturés) ; 101 cal ; 10,3 g de glucides ; 5,3 g de protéines ; 4,9 g de fibres

Haricots verts aux noisettes

500 g de haricots verts parés
60 g de noisettes grillées et concassées
sauce
2 c. à s. de vinaigre
60 ml d'huile d'olive
2 c. à c. de moutarde à l'ancienne

1 Faites cuire les haricots verts à l'eau, à la vapeur ou au micro-ondes puis égouttez-les. Plongez-les dans un bol d'eau glacée pour qu'ils refroidissent puis égouttez-les.
2 Préparez la sauce. Mélangez délicatement les haricots, les noisettes et la sauce.
sauce mettez tous les ingrédients dans un shaker pour sauce à salade, fermez puis secouez énergiquement.

à table en 10 minutes
pour 4 personnes **par portion** 23,2 g de lipides (dont 2,3 g d'acides gras saturés) ; 252 cal ; 3,9 g de glucides ; 5,1 g de protéines ; 5 g de fibres

Purée crémeuse d'épinards

1 kg de pommes de terre coupées en morceaux
20 g de beurre
1 gousse d'ail pilée
125 g de petites feuilles d'épinards
300 ml de crème fraîche tiède

1 Faites cuire les pommes de terre à l'eau, à la vapeur ou au micro-ondes puis égouttez-les.
2 Faites fondre le beurre dans une grande poêle et faites-y revenir l'ail et les épinards, en remuant, jusqu'à ce que l'ail embaume et que les épinards flétrissent.
3 Mixez ou passez au robot les épinards avec la moitié de la crème fraîche jusqu'à obtention d'une purée.
4 Mettez les pommes de terre encore chaudes dans un bol et écrasez-les pour obtenir une purée onctueuse. Incorporez les épinards et le reste de la crème fraîche puis mélangez.

à table en 30 minutes
pour 4 personnes **par portion** 36,9 g de lipides (dont 24,1 g d'acides gras saturés) ; 498 cal ; 32,1 g de glucides ; 7,7 g de protéines ; 4,6 g de fibres

Pâtisson et pois gourmands au sésame

16 pâtissons jaunes (480 g)
300 g de pois gourmands parés
2 c. à c. d'huile de sésame
1 c. à s. de sauce de soja
1 c. à s. de graines de sésame grillées

1 Faites cuire les pâtissons et les pois gourmands, séparément, à l'eau, à la vapeur ou au micro-ondes puis égouttez-les.
2 Mettez les légumes dans un plat avec le reste des ingrédients et mélangez délicatement.

à table en 15 minutes
pour 8 personnes **par portion** 2,2 g de lipides (dont 0,3 g d'acides gras saturés) ; 51 cal ; 3,6 g de glucides ; 3 g de protéines ; 2,3 g de fibres

Asperges à la chapelure à l'ail et aux œufs

80 g de beurre
2 c. à s. de miel
2 gousses d'ail pilées
70 g de chapelure sèche
1 kg d'asperges parées
2 œufs durs finement hachés
1 botte de persil ciselé

1 Faites fondre la moitié du beurre avec la moitié du miel dans une poêle. Ajoutez l'ail et la chapelure et faites revenir jusqu'à ce que la chapelure soit dorée.
2 Faites cuire les asperges à l'eau, à la vapeur ou au micro-ondes. Égouttez-les.
3 Servez les asperges avec la chapelure à l'ail, les œufs et le persil. Faites fondre le reste du beurre avec le reste du miel puis nappez les asperges de ce mélange.

à table en 20 minutes
pour 8 personnes **par portion** 9,9 g de lipides (dont 5,9 g d'acides gras saturés) ; 164 cal ; 13 g de glucides ; 5,2 g de protéines ; 1,9 g de fibres

Chou-fleur au piment et aux pignons

1 petit chou-fleur (1 kg)
2 c. à s. d'huile d'olive
2 gousses d'ail pilées
2 c. à s. de pignons de pin
2 c. à c. de flocons de piment séché
2 c. à s. de persil plat frais grossièrement ciselé

1 Détaillez le chou-fleur en bouquets et faites-les cuire, à l'eau, à la vapeur ou au micro-ondes, puis égouttez-les et tamponnez-les avec du papier absorbant.
2 Faites chauffer l'huile d'olive dans une poêle moyenne et faites-y revenir l'ail, les pignons et les flocons de piment à feu doux, en remuant, jusqu'à ce que les arômes se libèrent et les pignons commencent à dorer.
3 Ajoutez le chou-fleur et poursuivez la cuisson en remuant pour bien l'enrober de sauce.
4 Ajoutez le persil et faites sauter le tout pour bien le mélanger.

à table en 20 minutes
pour 8 personnes **par portion** 7,3 g de lipides (dont 0,8 g d'acides gras saturés) ; 92 cal ; 2,6 g de glucides ; 3 g de protéines ; 2,4 g de fibres

Méli-mélo de haricots, sauce au citron vert et au piment

270 g de nouilles de riz
250 g de fèves surgelées, décongelées et pelées
150 g de haricots verts coupés en deux
150 g de haricots kilomètre coupés en tronçons
150 g de haricots beurre coupés en deux
huile végétale pour la friture
40 g de câpres égouttées
1 c. à s. d'huile d'olive
6 gousses d'ail pilées
1 petit oignon rouge (100 g) coupé en quartiers
4 petits piments thaïs rouges frais coupés en deux dans le sens de la longueur
2 c. à s. de zeste de citron vert finement râpé
250 ml de bouillon de légumes

1 Plongez les nouilles dans un bol d'eau bouillante jusqu'à ce qu'elles soient tendres puis égouttez-les. Rincez-les sous l'eau froide et égouttez-les de nouveau.
2 Faites cuire les haricots, séparément, à l'eau, à la vapeur ou au micro-ondes, puis égouttez-les. Faites chauffer de l'huile végétale dans une poêle et faites frire les câpres jusqu'à ce qu'elles soient croustillantes, égouttez-les sur du papier absorbant.
3 Faites chauffer l'huile d'olive dans un wok et faites-y sauter l'ail, l'oignon, les piments et le zeste de citron jusqu'à ce que l'oignon soit tendre.
4 Ajoutez le bouillon de légumes, les haricots et les nouilles et faites cuire, en remuant doucement, jusqu'à ce que la sauce épaississe et la préparation soit bien chaude.
5 Servez ce plat garni de câpres grillées.

à table en 35 minutes
pour 4 personnes **par portion** 6,6 g de lipides (dont 0,9 g d'acides gras saturés) ; 316 cal ; 46,9 g de glucides ; 11,1 g de protéines ; 10,7 g de fibres
note vous pouvez remplacer les nouilles de riz par des vermicelles de soja.

au gril + au barbecue

Poireaux et ciboules grillés, sauce romesco

16 poireaux très fins (1,3 kg) parés
30 g de beurre fondu
1 c. à s. d'huile d'olive
300 g de ciboules parées
sauce romesco
1 c. à c. de flocons de piment séché
60 ml d'huile d'olive
1 gros poivron rouge (350 g) coupé en morceaux
2 gousses d'ail pilées
1 c. à s. d'amandes effilées grillées
2 tomates moyennes (380 g) coupées en dés
1 c. à s. de vinaigre de vin rouge

1 Lavez soigneusement les poireaux pour en ôter tout le sable.
2 Mélangez le beurre et l'huile d'olive. Faites cuire les poireaux badigeonnés de ce mélange sur un gril en fonte chaud et huilé (ou sous le gril du four ou au barbecue) pendant 10 minutes environ. Ajoutez les ciboules et faites-les cuire jusqu'à ce qu'elles soient tendres.
3 Préparez la sauce romesco.
4 Servez les poireaux et les ciboules accompagnés de la sauce romesco.
sauce romesco plongez les flocons de piment dans 2 cuillerées à soupe d'eau pendant 5 minutes puis égouttez-les. Faites chauffer 1 cuillerée à soupe d'huile dans une poêle et faites-y cuire le poivron et l'ail jusqu'à ce qu'ils soient tendres, sans les laisser colorer. Passez au robot ou au mixeur le piment avec le poivron, les amandes et les tomates pour obtenir un mélange onctueux. Ajoutez le reste de l'huile et le vinaigre, en fin filet, en continuant de mixer.

à table en 30 minutes
pour 8 personnes **par portion** 13,7 g de lipides (dont 3,4 g d'acides gras saturés) ; 179 cal ; 8,1 g de glucides ; 4,1 g de protéines ; 5 g de fibres

Piments bananes, maïs et ciboules au sésame

12 piments bananes (1 kg)
350 g de petits épis de maïs frais
300 g de ciboules parées
2 c. à c. d'huile de sésame
1 c. à c. de graines de sésame grillées

1 Faites cuire les piments sur un gril en fonte chaud et huilé (ou sous le gril du four ou au barbecue) jusqu'à ce qu'ils soient tendres et grillés des deux côtés.
2 Ajoutez le maïs et les ciboules et faites-les griller jusqu'à ce qu'ils soient colorés et tendres.
3 Nappez les légumes d'huile de sésame et parsemez-les de graines de sésame. Servez aussitôt.

à table en 15 minutes
pour 6 personnes **par portion** 2,9 g de lipides (dont 0,3 g d'acides gras saturés) ; 120 cal ; 15,4 g de glucides ; 4,7 g de protéines ; 6,1 g de fibres

Sandwichs d'aubergines, feta et poivron

2 poivrons rouges moyens (400 g)
60 ml d'huile d'olive
1 c. à s. de jus de citron
1 gousse d'ail pilée
1 grosse aubergine (500 g)
150 g de tomates séchées, égouttées et coupées en morceaux
50 g d'olives kalamata dénoyautées et coupées en morceaux
1 petite botte de basilic frais, feuilles déchirées
100 g de mesclun
2 c. à s. de vinaigre de vin rouge
200 g de feta coupée en 8 tranches fines
1 c. à s. de petites feuilles de basilic, supplémentaires

1 Coupez les poivrons en quatre, ôtez et jetez les membranes et les graines. Faites cuire les poivrons sur un gril en fonte chaud et huilé (ou sous le gril du four ou au barbecue), la peau vers le bas, jusqu'à ce qu'elle noircisse et commence à se craqueler. Recouvrez les poivrons de plastique pendant 5 minutes puis pelez-les.
2 Dans un petit bol, mélangez 2 cuillerées à soupe d'huile d'olive, le jus de citron et l'ail.
3 Coupez l'aubergine dans le sens de la longueur en 8 lamelles et badigeonnez-les avec le mélange huile-citron-ail. Faites-les cuire sur un gril en fonte huilé et chaud, sans les couvrir, en les badigeonnant de sauce régulièrement.
4 Mélangez les tomates séchées, les olives et le basilic dans un petit bol. Mettez le mesclun dans un saladier, nappez-le de vinaigre et du reste de l'huile puis mélangez délicatement.
5 Mettez 1 lamelle d'aubergine sur chaque assiette, posez dessus 2 tranches de feta, 2 morceaux de poivron puis 1 autre lamelle d'aubergine. Garnissez le dessus avec un peu de tomates séchées au basilic et olives et de quelques feuilles de basilic supplémentaires. Servez ces sandwichs accompagnés de mesclun.

à table en 30 minutes
pour 4 personnes **par portion** 27,8 g de lipides (dont 9,8 g d'acides gras saturés) ; 430 cal ; 23,3 g de glucides ; 16,4 g de protéines ; 10,2 g de fibres

Salade de fenouil, asperges, nashis et noix

6 petits bulbes de fenouil (1,2 kg) coupés en deux dans le sens de la longueur
750 g d'asperges parées
1 c. à s. d'huile d'olive
60 ml d'huile de noix
2 c. à c. de sucre en poudre
60 ml de jus de citron
2 nashi (400 g) épépinés
1 c. à s. de persil plat frais finement ciselé
50 g de noix grillées concassées

1 Faites cuire les fenouils et les asperges badigeonnés d'huile d'olive sur un gril en fonte chaud et huilé (ou sous le gril du four ou au barbecue).
2 Mélangez l'huile de noix, le sucre et le jus de citron dans le fond d'un saladier. Coupez les nashi en fins quartiers. Mettez les nashi, les fenouils, le persil et les noix dans le saladier puis mélangez délicatement.
3 Répartissez les asperges dans les assiettes et garnissez-les de la préparation précédente.

à table en 30 minutes
pour 4 personnes **par portion** 27,4 g de lipides (dont 3,2 g d'acides gras saturés) ; 371 cal ; 20,1 g de glucides ; 7,1 g de protéines ; 9,5 g de fibres

Maïs, fèves et poivrons

4 épis de maïs parés (1 kg)
500 g de fèves surgelées, décongelées et pelées
1 poivron rouge moyen (200 g) coupé en petits dés
20 g de beurre fondu

1 Faites cuire les épis de maïs sur un gril en fonte chaud et huilé (ou sous le gril du four ou au barbecue) jusqu'à ce qu'ils soient juste tendres. Laissez-les refroidir un peu puis égrainez-les à l'aide d'un couteau pointu.
2 Faites cuire les fèves à l'eau, à la vapeur ou au micro-ondes jusqu'à ce qu'elles soient tendres puis égouttez-les.
3 Mélangez délicatement le maïs, les fèves, le poivron et le beurre dans un saladier.

à table en 35 minutes
pour 8 personnes **par portion** 3,4 g de lipides (dont 1,4 g d'acides gras saturés) ; 164 cal ; 21 g de glucides ; 7,6 g de protéines ; 9,5 g de fibres

Aubergines aux épinards et au potiron

1 grosse aubergine (500 g)
gros sel
200 g de potiron coupé en fines tranches
700 g de sauce tomate prête à l'emploi
80 g de feuilles d'épinards
4 ciboules finement émincées
100 g de mozzarella râpée
40 g de pignons de pin grillés

1 Coupez les extrémités de l'aubergine. Détaillez-la en 8 tranches de 5 mm d'épaisseur dans le sens de la longueur. Placez les tranches d'aubergine dans une passoire et saupoudrez-les de gros sel. Laissez reposer 10 minutes.
2 Rincez les tranches d'aubergine sous l'eau froide puis séchez-les avec du papier absorbant. Faites cuire l'aubergine et le potiron sur un gril en fonte huilé (ou sous le gril du four ou au barbecue).
3 Versez la sauce tomate dans une casserole et portez à ébullition. Réduisez le feu et laissez mijoter 2 minutes.
4 Disposez 4 tranches d'aubergine sur une plaque de cuisson en une seule couche. Répartissez dessus la moitié des épinards, la moitié du potiron et la moitié des ciboules. Ajoutez 2 cuillerées à soupe de sauce tomate sur chaque tranche puis répétez l'opération avec le reste des épinards, du potiron, des ciboules et 2 cuillerées à soupe de sauce tomate. Recouvrez avec les 4 tranches d'aubergine restantes puis répartissez dessus la sauce tomate restante, la mozzarella et les pignons. Faites dorer sous le gril du four préchauffé.

à table en 30 minutes
pour 4 personnes **par portion** 14,3 g de lipides (dont 4,2 g d'acides gras saturés) ; 286 cal ; 23,4 g de glucides ; 13,1 g de protéines ; 7,8 g de fibres
note les aubergines doivent dégorger le plus possible. Cela leur permettra de garder leur forme pendant la cuisson.

Salade d'aubergines, courgettes et haricots blancs

3 courgettes moyennes (360 g)
2 aubergines moyennes (600 g)
4 tomates roma moyennes (600 g)
800 g de haricots blancs en boîte, rincés et égouttés
1 petite botte de coriandre fraîche (les feuilles uniquement)
sauce
1 c. à s. de graines de cumin
125 ml d'huile d'olive
80 ml de jus de citron
2 gousses d'ail pilées
1 c. à c. de sel
½ c. à c. de poivre noir fraîchement moulu

1 Coupez les courgettes dans le sens de la longueur en lamelles de 5 mm d'épaisseur. Coupez les aubergines en rondelles de 5 mm d'épaisseur.
2 Faites cuire les courgettes et les aubergines des deux côtés sur un gril en fonte chaud et huilé (ou sous le gril du four ou au barbecue).
3 Coupez les tomates en quartiers, enlevez les graines et coupez la chair en morceaux.
4 Préparez la sauce.
5 Mélangez les haricots blancs, les courgettes, les aubergines et les tomates dans un saladier avec la sauce et la coriandre.
sauce faites griller à sec les graines de cumin dans une poêle, en remuant, jusqu'à ce que les arômes se libèrent et qu'elles commencent à sauter. Mettez l'huile, le jus de citron, l'ail, le sel, le poivre et les graines de cumin dans un shaker pour sauce à salade, fermez puis secouez énergiquement.

à table en 25 minutes
pour 6 personnes **par portion** 19,7 g de lipides (dont 2,8 g d'acides gras saturés) ; 233 cal ; 7 g de glucides ; 4,6 g de protéines ; 5,8 g de fibres
astuce pour cette recette, vous pouvez utiliser des petites aubergines japonaises coupées en lamelles dans le sens de la longueur.

Salade de champignons et d'asperges

400 g de champignons de couche bruns
200 g de champignons shiitake frais
500 g d'asperges vertes
500 g d'asperges blanches
1 botte de persil plat
2 c. à s. de pignons de pin grillés
sauce
2 c. à c. de zeste de citron finement râpé
60 ml de jus de citron
2 c. à s. d'huile d'olive
1 gousse d'ail pilée

1 Étalez les champignons et les asperges sur une plaque de cuisson légèrement huilée et faites-les cuire sous le gril du four jusqu'à ce qu'ils soient tendres. Vous pouvez également les faire cuire sur un gril en fonte légèrement huilé, en procédant en plusieurs tournées.
2 Préparez la sauce.
3 Mélangez délicatement les légumes avec le persil et les pignons de pin, arrosez de sauce et servez.
sauce mélangez tous les ingrédients dans un shaker pour sauce à salade, fermez puis secouez.

à table en 35 minutes
pour 4 personnes **par portion** 14,9 g de lipides (dont 1,6 g d'acides gras saturés) ; 216 cal ; 5,5 g de glucides ; 11,1 g de protéines ; 7,6 g de fibres

Chicorée rouge et tomates rôties

80 ml d'huile d'olive
1 gousse d'ail pilée
6 tomates olivettes (450 g) coupées en deux
4 petites chicorées rouges (600 g) ou radicchio
2 c. à s. de vinaigre balsamique
100 g de roquette
50 g de pecorino

1 Préchauffez le four à 220 °C ou à 200 °C pour un four à chaleur tournante.
2 Mélangez dans un bol 1 cuillerée à soupe d'huile d'olive et l'ail. Disposez les tomates sur la plaque du four, face coupée vers le haut, puis badigeonnez-les de ce mélange. Laissez-les rôtir 20 minutes au four.
3 Mélangez dans un récipient les chicorées et 2 cuillerées à soupe d'huile d'olive. Remuez bien avant de faire griller rapidement les salades sur un gril en fonte préchauffé. Elles doivent brunir légèrement mais rester croquantes.
4 Incorporez au reste d'huile le vinaigre balsamique. Disposez les tomates rôties et les chicorées rouges sur les assiettes de service, ajoutez la roquette puis nappez de vinaigrette. Décorez le tout de pecorino détaillé en copeaux grossiers.

à table en 30 minutes
pour 6 personnes **par portion** 14,9 g de lipides (dont 3,2 g d'acides gras saturés) ; 163 cal ; 2,9 g de glucides ; 4,6 g de protéines ; 3 g de fibres

Salade de potiron et d'halloumi

650 g de potiron coupé en fines lamelles
200 g de haricots verts coupés en deux
2 c. à s. d'huile d'olive
2 c. à s. de vinaigre de vin rouge
1 botte de coriandre fraîche (les feuilles uniquement)
1 botte de persil plat frais (les feuilles uniquement)
100 g de petites feuilles d'épinards
55 g de graines de courges grillées
250 g d'halloumi coupé en lamelles épaisses

1 Faites cuire le potiron et les haricots verts, séparément, à l'eau, à la vapeur ou au micro-ondes puis égouttez-les. Rincez-les sous l'eau froide et égouttez-les de nouveau. Faites griller le potiron sur un gril chaud et huilé (ou sous le gril du four ou au barbecue) pour qu'il soit doré et bien tendre.
2 Mélangez l'huile d'olive, le vinaigre, la coriandre, le persil, les épinards et les graines de courge dans un saladier.
3 Faites cuire l'halloumi sur le même gril chaud et huilé (ou sous le gril du four ou au barbecue) pour qu'il soit doré des deux côtés. Mettez le potiron, les haricots et le fromage dans le saladier puis mélangez délicatement.

à table en 25 minutes
pour 4 personnes **par portion** 7,7 g de lipides (dont 2,6 g d'acides gras saturés) ; 119 cal ; 3,5 g de glucides ; 5,6 g de protéines ; 1,8 g de fibres

Salsa d'avocat au maïs et aux courgettes

2 épis de maïs (800 g) parés
100 g de mini courgettes coupées en deux dans le sens de la longueur
2 gros avocats (640 g) coupés en gros morceaux
200 g de tomates cerises coupées en deux
1 oignon rouge moyen (170 g) coupé en tranches épaisses
½ botte de coriandre fraîche grossièrement hachée

sauce

1 c. à s. de sauce aux piments doux
80 ml de jus de citron vert
2 piments rouges épépinés et coupés en tranches fines

1 Faites cuire les épis de maïs et les courgettes sur un gril en fonte préchauffé et huilé. À l'aide d'un couteau pointu, égrenez les épis de maïs.
2 Mélangez le maïs, les courgettes, les avocats, les tomates, l'oignon et la coriandre dans un saladier.
3 Préparez la sauce puis versez-la sur la salade. Remuez délicatement.
sauce mettez les ingrédients dans un shaker pour sauce à salade, fermez puis secouez bien.

à table en 20 minutes
pour 4 personnes **par portion** 27,4 g de lipides (dont 5,7 g d'acides gras saturés) ; 425 cal ; 29,5 g de glucides ; 9,7 g de protéines ; 10,4 g de fibres

Brochettes de légumes et sauce balsamique

250 g de tomates cerises
1 gros poivron vert (350 g) coupé en gros morceaux
6 petits champignons creminis (600 g) coupés en quartiers
6 petits pâtissons jaunes (600 g) coupés en quartiers
3 petites aubergines (180 g) coupées en rondelles
3 petites courgettes (270 g) coupées en rondelles
1 oignon moyen (150 g) coupé en quartiers
500 g d'halloumi coupé en cubes
60 g de roquette
sauce balsamique
80 ml d'huile d'olive
60 ml de vinaigre balsamique
1 c. à c. de sucre en poudre

1 Enfilez tous les légumes et le fromage sur 12 brochettes.
2 Faites cuire les brochettes sur un gril en fonte chaud et huilé (ou sous le gril du four ou au barbecue).
3 Préparez la sauce balsamique.
4 Servez les brochettes avec la roquette et arrosez le tout de sauce balsamique.
sauce balsamique versez tous les ingrédients dans un shaker pour sauce à salade, fermez puis secouez.

à table en 35 minutes
pour 4 personnes **par portion** 40,8 g de lipides (dont 16,3 g d'acides gras saturés) ; 591 cal ; 15,1 g de glucides ; 37,2 g de protéines ; 9,6 g de fibres
note si vous utilisez des brochettes en bambou, faites-les tremper 1 heure dans de l'eau froide pour éviter qu'elles ne brûlent pendant la cuisson.

Salade de légumes grillés

2 poivrons verts moyens (400 g)
2 poivrons rouges moyens (400 g)
2 poivrons jaunes moyens (400 g)
1 gros oignon rouge (300 g)
2 courgettes vertes moyennes (240 g)
2 courgettes jaunes moyennes (240 g)
6 petites aubergines (360 g)
1 c. à s. de feuilles d'origan frais
sauce au vinaigre balsamique
2 c. à s. de jus de citron
1 gousse d'ail pilée
60 ml d'huile d'olive
1 c. à s. de vinaigre balsamique

1 Coupez les poivrons en quatre, ôtez et jetez les graines et les membranes. Coupez-les en fines lamelles. Coupez l'oignon en 8 quartiers.
2 Coupez les courgettes et les aubergines en lamelles dans le sens de la longueur.
3 Faites cuire les légumes, en plusieurs tournées, sur un gril en fonte chaud et huilé (ou sous le gril du four ou au barbecue).
4 Préparez la sauce au vinaigre balsamique.
5 Mettez les légumes et les feuilles d'origan dans un grand saladier avec la sauce puis mélangez délicatement.
sauce au vinaigre balsamique mettez les ingrédients dans un shaker pour sauce à salade, fermez puis secouez énergiquement.

à table en 35 minutes
pour 6 personnes **par portion** 9,8 g de lipides (dont 1,3 g d'acides gras saturés) ; 161 cal ; 10,3 g de glucides ; 5,3 g de protéines ; 5 g de fibres
note préparez cette recette la veille pour que les légumes grillés marinent dans la sauce parfumée.

Pommes de terre kipfler grillées au barbecue

12 pommes de terre kipfler (1,5 kg) non épluchées
2 c. à s. d'origan frais grossièrement ciselé
6 branches de thym frais (les feuilles uniquement)
1 c. à s. de zeste de citron grossièrement râpé
2 gousses d'ail pilées
80 ml d'huile d'olive
60 ml de jus de citron

1 Faites cuire les pommes de terre à l'eau, à la vapeur ou au micro-ondes puis égouttez-les. Coupez-les en deux dans le sens de la longueur.
2 Mélangez les herbes, le zeste de citron, l'ail et l'huile d'olive dans le fond d'un saladier. Ajoutez les pommes de terre et mélangez pour les enrober de sauce. Faites cuire les pommes de terre sur un gril en fonte chaud et huilé (ou sous le gril du four ou au barbecue).
3 Servez les pommes de terre nappées de jus de citron.

à table en 35 minutes
pour 8 personnes **par portion** 9,3 g de lipides (dont 1,3 g d'acides gras saturés) ; 213 cal ; 25,1 g de glucides ; 4,6 g de protéines ; 3,4 g de fibres

Brochettes de champignons, tomates et courgettes et purée de haricots blancs

1 gros oignon rouge (300 g) coupé en quartiers
200 g de champignons de Paris
250 g de tomates cerises
2 grosses courgettes (300 g) coupées en rondelles épaisses
2 c. à s. de vinaigre balsamique
2 c. à s. d'huile d'olive

purée de haricots blancs
800 g de haricots blancs en boîte, rincés et égouttés
250 ml de bouillon de poule
1 gousse d'ail coupée en quatre
1 c. à s. de jus de citron
1 c. à s. d'huile d'olive

1 Préparez la purée de haricots blancs.
2 Enfilez les quartiers d'oignon, les champignons, les tomates et les courgettes sur 12 brochettes. Placez les brochettes sur une plaque de cuisson et arrosez-les avec le mélange du vinaigre balsamique et de l'huile d'olive.
3 Faites cuire les brochettes sur un gril en fonte huilé et préchauffé (ou sous le gril du four ou au barbecue).
4 Servez les brochettes de légumes avec la purée aux haricots blancs.

à table en 30 minutes
pour 4 personnes **par portion** 14,7 g de lipides (dont 2,2 g d'acides gras saturés) ; 223 cal ; 11,2 g de glucides ; 8 g de protéines ; 7,3 g de fibres
note si vous utilisez des brochettes en bambou, faites-les tremper 1 heure dans de l'eau froide pour éviter qu'elles ne brûlent pendant la cuisson.

légumes rôtis

Légumes rôtis et salade au balsamique

60 ml d'huile d'olive
1 gousse d'ail pilée
2 grosses courgettes vertes (300 g)
4 champignons creminis moyens (500 g) coupés en quatre
4 grosses tomates roma (360 g) coupées en quatre
1 oignon rouge moyen (170 g) coupé en quartiers
150 g de mâche parée
1 botte de basilic ciselé
vinaigrette
60 ml d'huile d'olive
2 c. à s. de vinaigre balsamique
½ c. à c. de sucre en poudre
½ c. à c. de moutarde de Dijon
1 gousse d'ail pilée

1 Préchauffez le four à 220 °C ou à 200 °C pour un four à chaleur tournante.
2 Mélangez l'huile d'olive et l'ail dans un bol. Coupez les courgettes en deux dans le sens de la longueur puis en tranches, en biais.
3 Disposez les légumes en une seule couche sur une plaque de cuisson puis arrosez-les du mélange ail-huile d'olive. Faites-les rôtir 20 minutes à découvert. Retirez la plaque du four et laissez refroidir 10 minutes.
4 Préparez la vinaigrette.
5 Mettez tous les légumes dans un grand saladier, ajoutez la mâche, le basilic et la vinaigrette. Mélangez délicatement.
vinaigrette versez tous les ingrédients dans un shaker pour sauce à salade, fermez puis secouez.

à table en 35 minutes
pour 4 personnes **par portion** 28,1 g de lipides (dont 3,9 g d'acides gras saturés) ; 327 cal ; 8 g de glucides ; 7,4 g de protéines ; 7 g de fibres

Poivrons farcis au couscous

4 gros poivrons rouges (1,4 kg)
300 g de couscous
375 ml d'eau bouillante
75 g de pistaches décortiquées
70 g d'amandes effilées grillées
75 g de raisins de Corinthe
180 ml de bouillon de légumes
200 g de pois chiches en boîte, rincés et égouttés
2 c. à s. de coriandre fraîche hachée
210 g de yaourt nature
I petit concombre (130 g) grossièrement râpé

1 Coupez les chapeaux des poivrons. Retirez les graines et les membranes blanches. Mettez les poivrons dans un plat allant au micro-ondes. Faites-les cuire à couvert 2 minutes à pleine puissance.
2 Préchauffez le four à 200 °C ou à 180 °C pour un four à chaleur tournante.
3 Versez le couscous dans l'eau bouillante dans un grand saladier résistant à la chaleur. Couvrez et laissez reposer 5 minutes jusqu'à ce que toute l'eau soit absorbée. Aérez les grains de couscous à la fourchette. Ajoutez les pistaches, les amandes, les raisins de Corinthe, le bouillon de légumes, les pois chiches et la coriandre. Mélangez bien.
4 Répartissez le couscous dans les poivrons et posez les chapeaux dessus. Mettez les poivrons dans un plat allant au four légèrement huilé. Faites-les rôtir au four 20 minutes sans couvrir.
5 Pendant ce temps, mélangez le yaourt et le concombre dans un bol. Servez les poivrons farcis accompagnés de ce mélange.

à table en 35 minutes
pour 4 personnes **par portion** 23,3 g de lipides (dont 3,2 g d'acides gras saturés) ; 728 cal ; 95,4 g de glucides ; 28,4 g de protéines ; 11,2 g de fibres
note vous pouvez préparer la farce au couscous la veille. Conservez-la au réfrigérateur. Pour varier, utilisez cette garniture pour farcir les tomates, les aubergines ou les courgettes.

Salade de potiron rôti au chèvre frais

1 kg de chair de potiron coupée en petits cubes
2 c. à s. d'huile d'olive
2 gousses d'ail finement hachées
2 c. à s. de sauge fraîche ciselée + quelques feuilles entières pour décorer
70 g de noix de pécan grossièrement hachées
8 feuilles de chicorée rouge (120 g)
200 g de fromage de chèvre frais
2 c. à s. de jus de citron

1 Préchauffez le four à 220 °C ou à 200 °C pour un four à chaleur tournante.
2 Mélangez dans un grand plat à gratin 2 cuillerées à soupe d'huile d'olive et le potiron. Faites rôtir 10 minutes au four. Ajoutez l'ail et la sauge, remuez, puis remettez le potiron encore 5 minutes au four.
3 Disposez les feuilles de chicorée en coupelles sur 4 assiettes de service. Parsemez les noix de pécan sur le potiron puis répartissez ce mélange à l'intérieur des feuilles de chicorée. Émiettez dessus le fromage de chèvre. Mélangez le reste d'huile d'olive et le jus de citron avant d'en napper le potiron. Décorez chaque portion d'une feuille de sauge puis servez.

à table en 30 minutes
pour 4 personnes **par portion** 30,5 g de lipides (dont 7,9 g d'acides gras saturés) ; 385 cal ; 15,2 g de glucides ; 13,1 g de protéines ; 4,7 g de fibres

Salade de tomates grillées

250 g de tomates poires coupées en deux
250 g de tomates cerises coupées en deux
1 c. à s. d'huile d'olive
½ botte de persil plat frais grossièrement ciselé
1 petit piment thaï rouge frais coupé en fines lamelles
2 c. à s. de vinaigre balsamique
80 ml d'huile d'olive supplémentaire

1 Préchauffez le four à 220 °C ou à 200 °C pour un four à chaleur tournante.
2 Mélangez les tomates, l'huile d'olive, le persil et le piment dans un plat allant au four et faites-les cuire 5 minutes environ.
3 Servez les tomates chaudes ou froides, nappées du mélange de vinaigre balsamique et d'huile d'olive supplémentaire.

à table en 15 minutes
pour 4 personnes **par portion** 22,9 g de lipides (dont 3,2 g d'acides gras saturés) ; 223 cal ; 2,8 g de glucides ; 0,7 g de protéines ; 2,2 g de fibres

Champignons farcis

8 champignons creminis (800 g)
90 g de beurre
½ poivron rouge moyen (100 g) finement haché
1 gousse d'ail pilée
60 ml de marsala
1 c. à s. de jus de citron
110 g de chapelure
2 c. à s. de persil ciselé
80 g de pecorino grossièrement râpé

1 Préchauffez le four à 200 °C ou à 180 °C pour un four à chaleur tournante.
2 Retirez les pieds des champignons et hachez-les finement.
3 Faites fondre le beurre dans une petite poêle. Badigeonnez les chapeaux des champignons avec la moitié du beurre fondu puis placez-les sur une plaque de cuisson huilée.
4 Faites revenir le poivron avec l'ail dans le beurre restant en remuant. Ajoutez les pieds des champignons hachés, le marsala, le jus de citron et la chapelure et faites revenir 3 minutes en remuant. Retirez la poêle du feu puis incorporez le persil et le pecorino.
5 À l'aide d'une cuillère, remplissez les chapeaux des champignons de cette farce. Faites-les rôtir au four 10 minutes sans couvrir.

à table en 30 minutes
pour 4 personnes **par portion** 25,5 g de lipides (dont 15,8 g d'acides gras saturés) ; 408 cal ; 22,6 g de glucides ; 17,1 g de protéines ; 6,5 g de fibres
note vous pouvez remplacer le marsala par du bouillon de légumes si vous le souhaitez.

Potiron rôti et salade de roquette au sésame

600 g de potiron paré
huile de cuisson en spray
1 c. à s. de miel
1 c. à s. de graines de sésame
500 g d'asperges parées et coupées en deux
150 g de roquette
1 petit oignon rouge (100 g) émincé
1 c. à s. d'huile de sésame
1 c. à s. de vinaigre de cidre
1 c. à c. de miel supplémentaire

1 Préchauffez le four à 240 °C ou à 220 °C pour un four à chaleur tournante. Tapissez le plat à rôtir avec du papier sulfurisé.
2 Coupez le potiron en cubes de 1,5 cm.
3 Disposez le potiron en une seule couche dans le plat à rôtir et vaporisez d'huile. Faites rôtir au four 20 minutes à découvert. Nappez le potiron de miel et saupoudrez de graines de sésame. Remettez au four 5 minutes de plus.
4 Faites cuire les asperges à l'eau, à la vapeur ou au micro-ondes puis égouttez-les. Rincez-les sous l'eau froide puis égouttez-les de nouveau.
5 Mélangez le potiron, les asperges, la roquette et l'oignon dans un saladier. Mélangez l'huile de sésame, le vinaigre de cidre et le miel supplémentaire et nappez la salade de cette sauce. Mélangez et servez.

à table en 35 minutes
pour 6 personnes **par portion** 5,1 g de lipides (dont 0,8 g d'acides gras saturés) ; 118 cal ; 12,4 g de glucides ; 4,5 g de protéines ; 2,6 g de fibres
note vous pouvez ajouter le jus de cuisson du potiron à la sauce pour la salade.

Tomates rôties et feuilles de basilic croustillantes

500 g de petites tomates en grappe
2 gousses d'ail coupées en fines lamelles
1 c. à s. d'huile d'olive
2 c. à c. de vinaigre balsamique
huile végétale pour la friture
½ botte de basilic frais (les feuilles uniquement)

1 Préchauffez le four à 180 °C ou à 160 °C pour un four à chaleur tournante.
2 Mettez les tomates sur une grille placée dans un plat à rôtir et nappez-les du mélange d'ail, d'huile d'olive et de vinaigre. Faites-les cuire 10 minutes, sans couvrir.
3 Faites chauffer l'huile végétale dans une petite casserole et faites-y frire les feuilles de basilic, en plusieurs tournées, jusqu'à ce qu'elles soient croustillantes.
4 Servez les tomates parsemées de feuilles de basilic frit.

à table en 20 minutes
pour 8 personnes **par portion** 2,5 g de lipides (dont 0,3 g d'acides gras saturés) ; 32 cal ; 1,5 g de glucides ; 0,4 g de protéines ; 1,2 g de fibres

Mélange de champignons à l'ail

250 g de petits champignons creminis
2 c. à s. d'huile d'olive
250 g de champignons de Paris bruns
250 g de champignons de Paris blancs
1 gousse d'ail coupée en fines lamelles
6 branches de persil plat frais (les feuilles uniquement)

1 Préchauffez le four à 200 °C ou à 180 °C pour un four à chaleur tournante.
2 Mettez les champignons creminis dans un grand plat à rôtir et nappez-les de la moitié de l'huile d'olive. Faites-les cuire 10 minutes, sans couvrir.
3 Ajoutez les autres champignons, le reste de l'huile et l'ail puis faites cuire 15 minutes environ jusqu'à ce que les champignons soient tendres et légèrement dorés. Ajoutez le persil, mélangez et servez aussitôt.

à table en 30 minutes
pour 4 personnes **par portion** 9,7 g de lipides (dont 1,3 g d'acides gras saturés) ; 135 cal ; 2,9 g de glucides ; 6,9 g de protéines ; 5 g de fibres

Couscous au potiron et aux épices

1 c. à s. d'huile d'olive
2 gousses d'ail pilées
1 gros oignon rouge (200 g) coupé en tranches épaisses
500 g de potiron pelé et coupé en gros cubes
3 c. à c. de cumin en poudre
2 c. à c. de coriandre en poudre
200 g de couscous
250 ml d'eau bouillante
20 g de beurre
2 c. à s. de persil plat frais grossièrement haché

1 Préchauffez le four à 220 °C ou à 200 °C pour un four à chaleur tournante.
2 Faites chauffer l'huile d'olive dans une poêle et faites-y dorer l'ail, l'oignon et le potiron, en remuant sans cesse. Ajoutez les épices et remuez sur le feu pendant 2 minutes environ jusqu'à ce que le mélange embaume.
3 Versez la préparation dans un plat à rôtir, enfournez et laissez cuire 15 minutes environ jusqu'à ce que le potiron soit juste tendre et légèrement doré.
4 Pendant ce temps, mélangez le couscous, l'eau bouillante et le beurre dans un récipient résistant à la chaleur. Couvrez et laissez reposer 5 minutes jusqu'à ce que toute l'eau soit absorbée.
5 Aérez le couscous à la fourchette. Ajoutez le potiron, incorporez le persil et mélangez délicatement.

à table en 30 minutes
pour 4 personnes **par portion** 9,5 g de lipides (dont 3,7 g d'acides gras saturés) ; 320 cal ; 47,8 g de glucides ; 9,4 g de protéines ; 2,7 g de fibres

glossaire

amande

effilée très fines lamelles d'amande.

en poudre amandes réduites en poudre, dont la consistance ressemble à celle de la farine.

mondée amandes dont on a retiré la peau marron.

bacon en tranches poitrine de porc fumée, conservée dans la saumure et coupée en tranches.

basilic très utilisé dans la cuisine italienne. C'est l'ingrédient principal du pesto.

basilic pourpre basilic aux grandes feuilles violettes, au goût doux rappelant légèrement le gingembre.

betterave souvent appelée betterave rouge, légume-racine rond.

beurre sauf indication contraire, nous utilisons du beurre salé. Le beurre doux est du beurre non salé.

blette légume aux tiges charnues et aux grandes feuilles.

bok choy également appelé pak choy, blette chinoise ou chou blanc. Chou au goût frais, légèrement moutardé. Les tiges et les feuilles peuvent être cuisinées, sautées ou braisées.

boulgour grains de blé séchés débarrassés de leur enveloppe, cuits à la vapeur puis concassés en morceaux de différentes tailles. Ne pas confondre avec le blé concassé.

broccolini légume croisé entre le brocoli et le brocoli chinois. Ses longues tiges ressemblent à des asperges, avec une tête longue et fine. Il ressemble au brocoli mais a un goût plus sucré, plus doux.

câpres boutons gris vert d'un arbuste poussant dans les climats chauds (souvent en Méditerranée). Elles sont vendues soit séchées et salées, soit conservées dans la saumure.

céleri-rave légume-racine à la peau marron granuleuse et à la chair blanche et au goût proche de celui du céleri.

chapelure maison préparée en râpant ou en mixant du pain rassis d'un ou deux jours.

choy sum également appelé chou chinois fleuri, de la même famille que le bok choy. Il se reconnaît facilement grâce à ses longues tiges, ses feuilles vert clair et ses fleurs jaunes. Ses tiges et ses feuilles peuvent être consommées.

citronnelle herbe aromatique tropicale haute et dense, aux feuilles coupantes, au goût et à l'odeur de citron. On utilise surtout la partie blanche de la tige, finement hachée dans la cuisine du Sud-Est asiatique. Elle est vendue fraîche, séchée, en poudre ou surgelée dans les supermarchés, chez les primeurs ou dans les épiceries asiatiques.

coriandre herbe aromatique aux feuilles de couleur vert vif et au goût âcre.

cornichon tout petit concombre.

crème de noix de coco obtenue de la première pression de la chair de noix de coco, sans addition d'eau. La seconde pression, moins riche, est vendue sous le nom de lait de coco. Vendue en boîte ou en brique.

eau de fleur d'oranger fabriquée à partir de boutons de fleurs d'oranger, son arôme est très concentré.

épinards d'eau les longues tiges pointues et les tiges creuses sont toutes deux comestibles, utilisées dans des soupes et des plats sautés au wok.

farine de pois chiches disponible dans les épiceries biologiques.

feuilles de kaffir feuilles brillantes, de couleur vert foncé, dont la forme (deux feuilles mises bout à bout) ressemble à celle d'un sablier. Vendues fraîches, séchées ou surgelées. Les feuilles séchées sont moins parfumées, il faut donc en mettre le double si vous devez remplacer des feuilles fraîches. Une feuille peut également être remplacée par une bande de zeste frais de citron vert. Elles sont très courantes dans la cuisine du Sud-Est asiatique. On les utilise comme des feuilles de laurier ou de curry, en particulier dans les plats thaïlandais.

fromages

bleu fromage dont la pâte est ensemencée avec une moisissure qui lui donne des veines bleues. Il en existe différentes variétés : du fromage à pâte ferme et friable, tel que le stilton, au fromage à pâte molle et au goût peu prononcé proche de celui du brie.

bocconcini petite bille de mozzarella dont le nom vient de l'italien *boccone*, qui signifie « bouchée ». Fromage de la taille d'une noix, à pâte demi-ferme, de couleur blanche, traditionnellement à base de lait de bufflone. Il s'abîme rapidement et doit être conservé au réfrigérateur dans la saumure 1 à 2 jours au maximum.

cheddar fromage à base de lait de vache. Après vieillissement, sa pâte est dure et son goût prononcé. Dans les recettes avec du fromage pauvre en matières grasses, nous utilisons du cheddar à moins de 20 % de matières grasses.

chèvre fromage à base de lait de chèvre, au goût assez fort. Sa texture peut être crémeuse, friable ou dure et sa forme et sa taille sont variables. Il est parfois cendré ou roulé aux herbes.

feta d'origine grecque, à base de lait de brebis ou de chèvre, friable, au goût salé et prononcé. Conservé dans du lactosérum salé. Excellent en cubes dans des salades. Dans les recettes avec du fromage pauvre en matières grasses, nous utilisons de la feta à moins de 15 % de matières grasses.

halloumi fromage grec à base de lait de brebis, à pâte mi-ferme et de texture spongieuse, au goût salé mais doux, élevé dans la saumure. Excellent grillé ou frit, il ne se déforme pas en chauffant. Quand il est cuit, mieux vaut le manger rapidement car il durcit et devient caoutchouteux en refroidissant.

parmesan originaire de la région de Parme, en Italie. Fromage à pâte dure et granuleuse fabriqué à partir de lait de vache. Le caillé est salé en trempant dans la saumure pendant un mois avant de vieillir pendant deux ans, de préférence dans un endroit humide. Râpé ou en copeaux, il agrémente les pâtes, les soupes et les salades. On peut aussi le déguster tel quel, avec un fruit. Le *reggiano*, fabriqué dans la région d'Émilie-Romagne et vieilli au moins deux ans, est le meilleur.

pecorino nom italien générique pour tout fromage à base de lait de brebis. On les nomme en fonction de la région où ils sont fabriqués, *pecorino romano* à Rome, *sardinio* en Sardaigne, *siciliano* en Sicile et *toscano* en Toscane. Vous pouvez le remplacer par du parmesan.

raclette d'origine suisse, à base de lait de vache. Sa croûte dure est de couleur brun rosé et sa pâte mi-molle est parsemée de trous. En Suisse et en France, il donne son nom à un plat dans lequel la raclette est fondue grâce à un appareil spécifique et déposée sur de petites pommes de terre cuites à l'eau ou à la vapeur. En chauffant, le goût de la raclette s'intensifie et révèle un petit goût de noisette légèrement fruité. Elle peut remplacer le gruyère dans certains plats.

ricotta fromage frais et doux, à pâte molle,

légèrement granuleuse, de couleur blanche, à base de lait de vache. Il est pauvre en matières grasses (environ 8,5 %). Ricotta signifie « recuit », en référence à son processus de fabrication à partir de lactosérum, qui est un sous-produit issu de la fabrication d'un autre fromage.

gingembre racine noueuse et épaisse d'une plante tropicale. Pelé, il peut être conservé dans une boîte au réfrigérateur recouvert de xérès ou congelé, emballé dans un sachet.

graines de courge de couleur vert pâle, mangées crues ou salées.

haricots blancs haricots gros et plats en forme de rein, de couleur blanc cassé, à la texture farineuse et au goût léger. Vendus secs ou en boîte.

haricots blancs en boîte nom générique donné à différentes sortes de haricots blancs (cannellini, cocos, etc.).

huile

d'arachide fabriquée avec des cacahuètes broyées. Très utilisée dans la cuisine asiatique car elle chauffe sans fumée. Elle supporte des températures élevées sans brûler.

de macadamia fabriquée à partir de noix de macadamia broyées.

de noix fabriquée à partir de noix broyées.

d'olive fabriquée avec des olives mûres. Les huiles vierge extra et vierge sont, respectivement, les huiles de première et deuxième pression, et sont considérées comme les meilleures. Les huiles extra légère et légère sont diluées et le terme « légère » fait référence au goût et non à la teneur en lipides.

de sésame fabriquée à partir de graines de sésame blanc grillées et broyées. Elle est plus utilisée pour parfumer un plat que pour le cuisiner.

vaporisateur d'huile nous utilisons un vaporisateur d'huile sans cholestérol, à base d'huile de colza.

végétale toute huile issue de plantes, par opposition aux graisses animales.

kecap manis sauce de soja épaisse très utilisée dans la cuisine du Sud-Est asiatique. Son goût sucré est dû à l'ajout de sucre de palme ou de mélasse pendant la fabrication. Elle est utilisée comme condiment, dans des marinades ou des dips.

kumara nom d'origine polynésienne donné à une patate douce (souvent confondue avec l'igname), à chair orangée, qui se cuisine comme les pommes de terre, au four, à l'eau ou en purée.

levure agent levant composé d'une part de bicarbonate de soude pour deux parts de crème de tartre.

mayonnaise nous utilisons de la mayonnaise aux œufs.

menthe vietnamienne malgré son nom, ce n'est pas une menthe mais une herbe de la famille du sarrasin, aux feuilles étroites et au goût piquant et amer. Elle pousse aussi au Cambodge, en Thaïlande *(pak pai)*, à Singapour *(daun kesom)* et au Vietnam *(rau ram)*. Elle est très utilisée dans la cuisine thaïlandaise (soupes, salades, plats sautés au wok).

mesclun mélange de jeunes pousses de salade (laitue, mizuna, chicorée, etc.).

mirin vin japonais de couleur champagne, utilisé pour cuisiner, fabriqué à partir de riz gluant et d'alcool, à ne pas confondre avec du saké.

mizuna salade japonaise aux feuilles vertes frisées et au goût subtil de moutarde.

nouilles

croustillantes nouilles aux œufs frites, vendues en paquets.

de riz fabriquées à base de farine de riz et d'eau. Il en existe de plusieurs tailles, plates et larges (utilisées pour les plats sautés) ou très fines (vermicelles, utilisées dans les soupes). Il faut les faire tremper dans de l'eau bouillante pour les ramollir avant de les cuisiner. Les plus courantes, utilisées dans les pad thaï, font 5 mm de large avant trempage.

vermicelles de riz très répandus dans le Sud-Est asiatique, utilisées dans les rouleaux de printemps ou dans les salades. Faites-les tremper dans l'eau chaude pour qu'elles ramollissent puis faites les bouillir brièvement et rincez-les à l'eau chaude. Elles peuvent également être frites et servies, croustillantes, dans des salades, en garniture ou avec des sauces.

oignon

ciboule également appelé oignon vert. Oignon cueilli avant que le bulbe ne soit formé. Il a une longue tige verte comestible.

échalote petit bulbe allongé à la peau marron, de la famille des oignons. Elles poussent en gousses serrées, comme l'ail.

échalote asiatique ressemble à de l'ail (elle pousse en bulbe regroupant plusieurs gousses). Elle est formée de fines pelures superposées, au goût prononcé. Très utilisée dans la cuisine du Sud-Est asiatique.

oignon rouge gros oignon de couleur violet rouge, au goût légèrement sucré.

oignon vert oignon à tige verte, fine et croustillante, et au bulbe blanc rond plus gros que celui de la ciboule.

pak choy légume asiatique de la même famille que le bok choy, au goût doux. Ses feuilles vert foncé peuvent être mangées crues, en salade, ou cuites dans des soupes, sautées au wok ou dans des curries.

pancetta bacon italien non fumé. Poitrine de porc salée et épicée, roulée pour former un gros saucisson et mise à sécher pendant plusieurs semaines.

pignon de pin petite graine de couleur crème que l'on trouve dans les pommes de pin. Excellents grillés.

piment protégez vos mains de gants en caoutchouc pour les épépiner et les couper car les piments frais peuvent vous brûler. Ce sont surtout les graines qui piquent, nous vous conseillons d'utiliser moins de piments mais avec les graines plutôt que de les retirer.

flocons de piment séché fines lamelles et graines entières de piment déshydraté, de couleur rouge foncé.

piment banane au goût doux et sucré, de forme longue et conique. Vous pouvez le remplacer par du poivron rouge.

piment de Cayenne piment long et fin, extrêmement fort, de couleur rouge. Vendu séché ou en poudre.

piment en poudre fabriqué à partir de piments thaïs séchés et moulus, le piment en poudre asiatique est le plus fort. Il peut remplacer des piments frais à raison de ½ c. à c. de piment en poudre pour 1 piment rouge frais moyen haché.

sauce aux piments doux peu piquante, légèrement collante, à base de piments rouges, de sucre, d'ail et de vinaigre.

piment thaï petit piment très fort, de couleur rouge vif.

pois chiche légumineuse de forme arrondie, irrégulière, de couleur beige.

pois gourmand petit haricot frais dont on mange les cosses et les graines, ensemble ou séparément.

pois mange-tout jeunes pois tendres dont on mange les cosses et les pois. Souvent consommés crus dans des salades ou des sandwichs ou sautés.

raisins secs grains de raisin séchés, au goût sucré.

rigani également appelé origan grec. Son goût est plus prononcé que celui de l'origan utilisé dans la cuisine italienne.

riz

au jasmin riz blanc à longs grains, au parfum de qualité, à la texture moelleuse. Ses grains collent pendant la cuisson. Peut remplacer le riz basmati.

basmati riz blanc à long grains, très parfumé, qui gonfle à la cuisson. Rincez-le plusieurs fois avant de le cuire.

feuilles de riz il en existe deux sortes. La première est fabriquée à partir d'une pâte à base de farine de riz et d'eau pressée en forme de disques. Elle est très fine et se casse facilement. Il faut la tremper brièvement dans l'eau pour pouvoir l'utiliser. La seconde est translucide et brillante. Elle est fabriquée à partir d'une pâte à base d'eau et de moelle d'un arbuste asiatique appelée arbre à papier de riz. Plus blanche que la première, elle ressemble à une feuille de papier à gros grains. Elle est importée de Hollande. Il ne faut pas la consommer crue.

roquette variété de salade aux petites feuilles vertes au goût poivré, mangée crue. Les jeunes pousses de roquette sont moins piquantes.

safran stigmate d'une fleur de la famille du crocus, qui donne une couleur jaune orangée aux plats qu'elle parfume. Vendu en poudre ou en filaments, sa qualité varie de manière importante. Le safran de qualité supérieure est l'épice la plus chère au monde.

sambal oelek également appelé « sambal ulek » ou « olek ». Condiment d'origine indonésienne, à base de piments broyés et de vinaigre.

sauce aux haricots noirs sauce d'origine asiatique à base de haricots de soja salés et fermentés, d'épices et de farine de blé, qui agrémente surtout les plats sautés.

sauce aux huîtres sauce d'origine asiatique, épaisse, de couleur brune, au goût prononcé. Fabriquée à base d'huîtres et de leur saumure cuisinées avec du sel et de la sauce de soja.

sauce aux prunes sauce épaisse aigre-douce, fabriquée à base de prunes, de vinaigre, de sucre, de piments et d'épices, utilisée comme un dip.

sauce de soja à base de germes de soja fermentés. La plupart des supermarchés et les épiceries asiatiques en proposent différentes sortes. Sauf indication contraire, nous utilisons de la sauce de soja japonaise.

sauce hoisin sauce barbecue chinoise sucrée et épaisse à base de haricots de soja fermentés, d'oignons et d'ail. Utilisée pour les marinades, pour relever des poêlées ou des aliments rôtis ou grillés au barbecue. Vendue dans les supermarchés et les épiceries asiatiques.

semoule céréale très fine, très répandue en Afrique du Nord. Elle peut être mangée en accompagnement d'un tajine ou être incorporée dans une salade.

sucre

sucre blanc sucre de table blanc, en poudre, souvent appelé sucre cristal. C'est celui que nous utilisons dans nos recettes, sauf indication contraire.

sucre de palme fabriqué à partir de sève de palmier. Sucre de couleur marron foncé à noir, généralement vendu en bloc. Il peut être remplacé par du sucre roux.

sucre roux sucre très fin, fabriqué à partir de mélasse, prisé pour sa couleur et son goût particulier.

sucre semoule sucre de table aux grains très fins qui fondent rapidement. Parfait pour les gâteaux, desserts et meringues.

sumac épice au goût astringent, de couleur rouge profond, obtenue à partir de baies moulues d'un arbuste des régions méditerranéennes. Donne un arôme piquant et citronné aux dips et sauces. Il se marie parfaitement avec les viandes cuites au barbecue. Vendu dans la plupart des épiceries orientales.

tofu produit de couleur blanc cassé fabriqué à partir du lait de soja (germes de soja pressés). Il peut être conservé dans l'eau 4 jours au réfrigérateur, en changeant l'eau tous les jours.

ferme tofu qui a été pressé pour en éliminer le maximum d'eau. Utilisé dans les poêlées car il peut être sauté sans se défaire.

frit tofu mou frit jusqu'à ce que la surface brunisse et l'intérieur soit presque sec. Ajoutez-le à une soupe ou une poêlée au dernier moment pour qu'il n'absorbe pas trop de liquide.

vinaigre

vinaigre balsamique vinaigre provenant de Modène, en Italie, mais dont on trouve aujourd'hui de nombreuses variétés dont l'âcreté et la qualité varient selon leur durée de vieillissement. La qualité est en général liée au prix. Utilisez le plus cher avec modération.

vinaigre de cidre fabriqué à base de pommes fermentées.

vinaigre de framboise vinaigre à base de framboises fraîches marinées dans du vinaigre de vin blanc.

vinaigre d'estragon vinaigre de vin blanc dans lequel on fait infuser de l'estragon.

vinaigre de malt fabriqué avec du malt fermenté et des copeaux de hêtre.

vinaigre de riz vinaigre incolore fabriqué à partir de riz fermenté et parfumé avec du sel et du sucre. Peut être remplacé par du xérès.

vinaigre de vin (rouge ou blanc) fabriqué à partir de la lie de vin rouge ou blanc.

vinaigre de xérès vinaigre de vin vieilli en fût de chêne, d'après la méthode espagnole traditionnelle, au goût doux, qui doit son nom à sa couleur.

wasabi sorte de raifort asiatique, de couleur verte, traditionnellement servie avec les poissons crus au Japon. Vendu en poudre ou sous forme de pâte.

wombok également appelé chou chinois. Chou de forme allongée, aux feuilles croquantes de couleur vert pâle.

yaourt sauf indication contraire, nous utilisons du yaourt nature entier. Si une de nos recettes indique yaourt « allégé », utilisez un yaourt à moins de 0,2 % de matières grasses.

index

Publié pour la première fois en Australie en 2007 sous le titre *Fast Vegies*.

Traduction et adaptation : Anne-Claire Levaux.
Suivi éditorial : Natacha Kotchetkova.
Mise en pages : Les PAOistes.
Relecture - correction : Véronique Dussidour.

Pour l'éditeur, le principe est d'utiliser des papiers composés de fibres naturelles, renouvelables, recyclables et fabriquées à partir de bois issus de forêts qui adoptent un système d'aménagement durable. En outre, l'éditeur attend de ses fournisseurs de papier qu'ils s'inscrivent dans une démarche de certification environnementale reconnue.

Imprimé en Espagne par Graficas Estella
Dépôt légal : septembre 2009
ISBN : 978-2-501-05988-6
40 2938 5 / 02